U0597395

智元微库
OPEN MIND

成长也是一种美好

华为工作法系列

客户第一

华为客户关系
管理法

王占刚◎著

CUSTOMER
FIRST

HUAWEI CUSTOMER RELATIONSHIP
MANAGEMENT

人民邮电出版社

北京

图书在版编目（CIP）数据

客户第一：华为客户关系管理法 / 王占刚著. --
北京 ：人民邮电出版社，2020.11
（华为工作法系列）
ISBN 978-7-115-54856-6

Ⅰ．①客…　Ⅱ．①王…　Ⅲ．①通信企业－企业管理－
销售管理－经验－深圳　Ⅳ．①F632.765.3

中国版本图书馆CIP数据核字(2020)第172882号

◆ 著　王占刚
责任编辑　袁璐
责任印制　周昇亮

◆ 人民邮电出版社出版发行　北京市丰台区成寿寺路 11 号
邮编 100164　电子邮件 315@ptpress.com.cn
网址 https://www.ptpress.com.cn
天津千鹤文化传播有限公司印刷

◆ 开本：720×960　1/16
印张：14.5　　　　　　　　2020 年 11 月第 1 版
字数：220 千字　　　　　　2025 年 8 月天津第 22 次印刷

定　价：59.80 元
读者服务热线：（010）67630125　印装质量热线：（010）81055316
反盗版热线：（010）81055315

自序
PREFACE

市面上有很多写华为的书，作者有华为离职员工、大学教授、财经记者等，不一而足。其中大部分的书都是昙花一现，那么为什么我也要写一本关于华为的书呢？主要原因有以下 3 个：一是这类书虽多，但是关于华为营销方面的书并不多。这类书的内容主要集中在研发管理、企业文化、人力资源等方面，没有充分展现华为最强的营销能力。二是虽然也有一些写营销方面的书，但是写方法与工具的书居多，这些书对华为营销能力的系统性阐述得不够深入。华为营销的强大之处不在于个体能力，而在于管理体系。本书重点讲的就是如何从管理的视角看营销。三是有关实操方面的内容写得少。华为强大的营销能力有目共睹，但是其他企业应该如何跨越行业差异、体量差异去学习华为？大部分企业对此无从着手。我希望本书能够给大家带来一些实操方面的方法与思路。

华为是三起三落而不倒的企业，它的发展经历像是中国企业创业史的一个缩影，这种发展经历应该发挥更大的社会价值，而不应该仅仅是带来华为一家企业的发展。

本书首先是写给我自己的，在华为的 14 年，是我人生中最重要、最难忘的岁月。虽然由于个人原因不得不离开华为，但是我对于华为永远都怀有感恩之心。我本是一个胸无大志、一贫如洗的穷小子，在华为的大平台中，经过职场的洗礼，增长了见识，获得了一些财富，也让我拥有了现在幸福的生活。离开华为以后，我对自己未来的规划是，要么做有意思的事情，要么做有意义的事情。写这本书的目的便是想把自己以前的经验与收获系统性、结构性地梳理出来，我认为这是一件有意义的事情。

其次写给信任我的朋友们。离开华为以后，我机缘巧合地进入了咨询服务行业，也辅导了一些企业。在与众多企业的接触中，我感受到了中国实体经济对于管理升级的迫切需求，很多企业陷入了华为曾经陷入的错误中不能自拔，非常可惜地错失了时代给予的机遇。很多学员对我说，他读过很多讲华为的书，但是仍然不知道该怎么做，希望我能推荐一本书。我发现通过讲课或辅导的方式能够传播的范围是很有限的，把我的理论与经验整理成书，就可以让更多的人看到它。因此，我对客户关系管理方面的实践进行了梳理。由于个人能力所限，书中肯定存在很多不足，欢迎读者不吝指正。

王占刚

2019 年 11 月 25 日

目录
CONTENTS

第 1 章　客户关系发展概述　/ 1

客户关系举足轻重　/ 7

华为的客户关系适用于哪些业务场景　/ 11

第 2 章　客户洞察与客户选择　/ 19

客户选择与管理客户联系　/ 21

客户洞察的重要性　/ 27

如何进行客户洞察　/ 31

客户选择与分级管理　/ 38

确立大客户服务策略　/ 42

跟踪与监控客户策略　/ 46

第 3 章　客户关系规划　/ 49

华为的全面客户关系管理　/ 51

客户关系规划四步法　/ 58

普遍客户关系规划　/ 76

关键客户关系规划　/ 82

关键客户关系规划的五个步骤　/ 91

发展客户中的教练与建立组织信任　/ 102

关键客户拓展卡片　/ 106

第 4 章　客户接触管理　/ 111

客户接触是一门艺术　/ 113

关键客户关系拓展管理　/ 116

关键客户的需求发掘　/ 120

不同支持度的关键客户应该如何拓展　/ 124

关键客户关系拓展注意事项　/ 129

基于项目生命周期的普遍客户关系拓展管理　/ 133

普遍客户关系拓展常用方法　/ 141

第 5 章　客户期望与满意度管理　/ 145

管理客户声音　/ 148

管理非技术问题　/ 157

客户满意度调查与改进　/ 161

第 6 章　客户档案管理　/ 167

客户资产由员工所有变为由公司所有是一个挑战　/ 170

客户企业档案　/ 175

供应商档案　/ 193

第 7 章　客户是土壤，机会是庄稼　/ 217

第1章

客户关系发展概述

【任正非语】华为的产品也许不是最好的，但这又怎么样。什么是核心竞争力？选择我而没有选择你，就是我的核心竞争力。

——任正非（摘自《管理优化报》第 424 期）

《管子·牧民》中曾提到："仓廪实而知礼节，衣食足而知荣辱。"国家的富强、文明的进步离不开经济的发展。同样，我国的繁荣富强也离不开实体经济的发展。下面我引用一个小故事，反映出了犹太人与其他国家的人在做事方式上的差异。

一个犹太人在某个地方开了一个加油站，生意特别好；第二个犹太人来了，开了一个餐厅；第三个犹太人就开了一个超市……这片区域很快就繁华了起来。而在其他一些国家，有一个人开了一个加油站非常赚钱，第二个人看到后也开了个加油站，第三个人跟着也开个加油站……大家开始了恶性竞争！

这个故事有点儿夸大其词，但是从管理的视角出发理解一下这种现象：市场中最先被发现的需求往往是刚需，因为刚需最直接，市场空间大，所以会最先吸引资源进入。对于这个阶段的市场，哪一类人最容易成功？胆子大的人，我们父辈的企业家中大部分人应该都赞同这一种说法。但是随着资源的持续流入，行业的竞争强度会逐步加大，市场会重新洗牌。

以前我对竞争的残酷性认知不足，认为企业之间的竞争与春秋战国时期国与国之间的竞争不一样：国与国之间的竞争是你死我活的斗争，而企业之间的竞争相对温和，小企业有小企业的生存方式。但是最近几年，企业之间的竞争明显更为激烈，随着行业边界逐渐模糊，竞争也越发残酷，它已经不仅仅发生在同行业之间，跨界竞争也越来越普遍。尼康裁员 2000 人，退出中国市场，很多人以为尼康是被同行打败的，没想到居然是被毫不相关的行业打败的。尼康破产的真相是：受智能手机普及的影响！比如，打败口香糖的不是益达，而是社交软件和网络游戏。在超市收银台这个消费场景中，过去顾客在排队缴费时，如果感到无聊可能会挑选两盒口香糖放到购物篮里，而现在大家都在边排队边看微信、刷朋友圈、玩王者荣耀。再比如，共享单车刚开始花一元钱就可以随便骑，随时停下把车锁在路边就能走人。这个产品一出来，卖自行车的店铺、修自行车的小摊子，生意都一落千丈，关门是迟早的事情。

曾国藩曾说："久利之事不可为。"资本会涌向每一个价值洼地，所有停留在舒适区的企业都会被冲击。在这个跨界竞争、飞速变化的时代，你永远无法想象你的下一个竞争对手是谁，你也很难猜到哪些新兴行业会打败哪些传统行业。未来 10 年是行业洗牌的关键期，仅靠胆子大已经不能保障企业生存了。唯一不变的就是变化，我们处于一个竞争强度加剧的时代，企业应该如何应对这种现状？当企业进入发展瓶颈时，通过外力打破平衡重建自我，会比企业自我更新更加高效。华为比较早地对这方面有了认知。早在 1998 年任正非就提出，对企业而言，资金、技术、人才都不是最难克服的问题，如果资金短缺，企业可以融资；如果技术落后，企业可以收购技术；如果缺乏人才，企业可以从市场中猎取，唯有管理是很难走捷径的，需要长期苦练内功。华为不但这么想，而且也是这么做的，在其发展的 30 多年中，仅在管理咨询方面的费用就已经超过了 300 亿元，在这方面如此舍得花钱的企业其实并不多见。

对其他企业而言，华为是一个比较好的学习样本。首先，它是我国少有的企业能力均衡发展的企业。其次，它算是一家真正意义上实现了国际化的中国企业，企业 60% 的收入来自海外市场。多数企业可以通过学习华为实现变革发展，让自己突飞猛进。通信行业是技术更新最快、管理水平最高、竞争最激烈的行业之一，华为的特别之处在于它过早地、错误地进入通信行业，这也是任正非后来提到的，由于无知进入通信行业。按照他的说法：早知道通信行业这么难经营，就去养猪了，做一个养猪状元。在竞争日趋残酷的未来，竞争对手不是靠我们的一己之力就能打败的，我们只有与客户形成同盟，才有可能打败我们的竞争对手。

华为的客户关系管理与其他企业有什么区别？华为早期的客户关系管理方式与其他企业并无不同，它们都是传统客户关系管理（Customer Relationship Management，CRM）理论的应用者，为此，华为还买了一套名叫 SPM 系统的 CRM 软件，花了 3000 多万元，但是后来这套软件被废弃了。因为华为在应用 CRM 软件的过程中发现，传统的 CRM 理论与华为对于业务的理解存在较大的差异，这主要表现在以下两个方面。

1. 目的性太强，比较短视

传统 CRM 对于客户公关活动的管理基于其具体的项目目标进行，是为了获得一个项目而开展连续的公关活动。它在新兴市场的客户关系规划、非项目期间的客户关系日常维护方面偏弱，特别是在对于客户企业持续深入的分析与客户洞察方面存在严重不足。

2. 同质化竞争严重

很多企业都通过 CRM 软件实施客户关系管理，这就导致在项目运作期，各个企业与客户的互动频次都很多，在客户感知上难以拉开差距。

基于以上两个问题，华为根据自己对于客户关系管理的多年实践，在对业务本质进行理解、总结、萃取、提炼后，重新构建了客户关系管理流程，形成了一个独立、完整的管理体系，叫作客户关系管理（Manage Client Relationship，MCR）流程。字面上看只是字母顺序不同，但本质上是对业务逻辑的认知存在差异。MCR 把企业从以机会为中心牵引向以客户为中心，不再以短期的机会与项目诱惑为出发点与客户建立关系。

客户关系举足轻重

华为在创业之初，被评价为具有三流的产品、一流的市场。在华为征战市场的 30 多年间，无论国内还是海外，客户关系管理都为企业的发展提供了强大的支撑，也是企业的核心竞争力！

让客户选择我而不选择你，是一种核心竞争力

华为从做代理起家，公司在成立之初没有任何技术积累，产品的稳定性差。在相当长的时间内，公司的销售能力远远大于产品的开发能力，依靠销售拉动技术向前进步。华为早期的产品问题千奇百怪，没有人能说清楚，当时华为在研发的过程中就遇到过一个问题，一款新单板研发出来以后，能不能顺利启动是随机的。无法启动的时候怎么办？答案是插拔单板。有一年 10 月，我和同事在为参加北京通信设备展做准备工作，结果拿过去的单板出了问题，反复插拔都启动不了，大家都很着急，为此专门安排了一个同事负责插拔单板，插拔了一宿，单板终于在早上 6 点奇迹般地启动了，才得以顺利参加展会。在东北开拓市场时，客户都比较直爽。有一次在谈完事情以后，

有一个客户和我们开玩笑:"我算是发现了,我就是想要一个原子弹,你们也可能会先答应下来,然后再回去找人、找图纸,开始干。"

　　就是在这样困难的条件下,华为的市场开拓工作开始起步。我当时的领导告诫我们,在华为开拓市场,第一要放下面子,第二要有艰苦奋斗的精神。在那时,客户对你态度不好、吃闭门羹都是常事。连郭平这样的高管(他后来是华为的轮值 CEO),在内蒙古市场都曾遇到在宾馆苦等客户 5 小时,仅递上一张名片的窘境。

　　对于 B2B 类市场[⊖],客户关系的拓展必须经历两个阶段,第一个阶段最为艰难,那就是公司的起步阶段,这时公司的技术不稳定,品牌影响力很弱,公司需要通过个人的影响力拉动销售,也就是客户因为信任我们的销售人员,才愿意尝试我们公司的产品。建立这种信任的过程既漫长又很脆弱,销售人员必须有一颗以客户为中心的真心,用真诚打动客户。在这个阶段,需要英雄和那种具有当仁不让、舍我其谁精神的勇者站出来,公司才能屹立不倒。华为早年就是用这种方式树标杆、立典型的,整个公司虽混乱却充满生机。华为能有今天的成就,离不开早期华为人的拼搏与付出,他们是第一批拓荒者。管理学上有一个原则,当企业越依赖一种能力的时候,就越需要构建多元化的能力,摆脱对单一能力的依赖。英雄辈出的年代往往是乱世,华为很早以前就开始打造产品的竞争力和公司的品牌力,通过公司在行业中地位的上升,客户关系进入第二个阶段,即公司的品牌形象助力个人成功。现在,

---

⊖ B2B 类市场: B2B 也就是 Business to Business 的简称,是指企业对企业的业务。——编者注

华为的客户经理可以直接拜访合作伙伴的高层。这是因为华为的客户经理很优秀吗？不是，是因为他们代表的是华为，代表的是一家有国际影响力的跨国大公司。现在各个跨国大公司如果有项目都会要求华为参与，华为已经成长为在通信领域举足轻重的企业。

客户关系的特殊性指的是什么

客户关系的定义：企业为达到其经营目标，主动与客户建立起的某种联系。这种联系既可能是单纯的买卖关系，也可能是通信联系，更可能是为了实现双方利益而形成的某种合作关系或战略联盟关系。

在全球的各个地方，总能找到与人建立联系的方式。在相当长的一段时期内，华为与竞争对手相比，无论技术还是管理水平都不具备竞争优势，唯独在客户关系方面一枝独秀。华为已经把客户关系发展为企业的核心战略控制能力之一。

曾经听一名销售人员分享自己的亲身经历。当时他在北方开拓市场，要与一个客户高层建立联系，但是这个客户很难接触，通过多方打听，这名销售人员了解到客户有个爱好，他喜欢车，想考驾照。这名销售人员就争取到了一个周末陪客户练车的机会。当时是秋末冬初，刚下过一场雪，北方的练车场地环境也不好，路面坑坑洼洼，一半雪水一半泥。这个客户的车技不好，没看清楚路，一脚踩油门儿，车的前轮就陷进一个泥坑里了。当时车上坐着这名销售人员和他的主管，车轮陷入泥坑产生的冲击让大家顿时有点儿发蒙，但是他的主管迅速反应过来，推开车门跳下车去推车。这名销售人员一看主管已经做出表率了，也赶紧跳下车去推车。当把车推上来以后，大家再回到车里，说说笑笑，身上一半水一半泥。冬初的雪水多冷呀，他们俩推车的举动令客户十分感动，北方人大多性格直爽，也很重义气，愿意为朋友两肋插刀，当他把你当成朋友以后，会愿意为你竭尽全力。后来，在这个客户的大力推荐下，这名销售人员终于拿到了一个项目。

华为的客户关系适用于哪些业务场景

华为总结出来的客户关系管理方法大部分都对业务场景有一定的要求，主要结合以下 4 种类型生成场景。

1. 行业类型

不同行业有不同的特点，行业的参与者不一样，竞争的激烈程度也不同。在竞争非常激烈的行业，客户关系可以发挥巨大的价值。通信行业的客户价值分布基本上呈金字塔形——向上的高价值客户是收敛的，客户数量变少，体量变大。

2. 客户类型

开展客户关系的对象是企业或其他组织，而不是个人消费者，即针对 B2B 的销售组织。

3. 销售类型

华为在销售过程中采用可重复的、可持续的销售类型，而不是一次性销售。为什么我们在景区或车站，经常会感觉饭店或宾馆价格比较高呢？因为这些区域的销售模式是流量销售，所以物价高，卖出去一个算一个，它不靠回头客做生意，不同的销售模式决定了客户服务的质量。

4. 关系类型

持续的销售需要构建持续经营的客户关系。在 B2B 市场中，要不要建立客户关系、要建立到什么程度、要投入多少资源去做，这些取决于是不是会重复销售，如果销售不是可持续的，比如与客户只有一个合作项目，那么在时间、人力、财力、物力上的投资回报率就不高，客户关系的价值就低。

如果是重复、持续的销售，那么你构建经营的客户关系会给你带来非常高的收益，因为客户关系是一种投资，在企业的人力、财力、物力有限的基础上，应该把有限的人力、财力、物力投放到可以持续带来价值的客户身上。企业在 B2B 市场开拓的每一个客户，都需要花费较多的时间。如果好不容易与客户建立联系，却不能持续地从客户身上发掘出我们需要的价值，那么人均产出和投资效率就不够高。所以要把有限的资源投到最有价值的客户身上，然后最大限度地获取客户价值。以华为为例，它的客户关系有两个非常明显的特点：第一，高度集中。华为现在每年在运营商领域有几千亿的销售额，但是它的核心战略客户只有几百家；第二，与华为合作多年。比如中国移动、中国电信等客户，它们从华为创立初期就开始与华为合作，直到现在也仍然是华为的客户。我们思考一个问题，在这 30 年中，华为在这些客户身上投入的人力、财力、物力加起来会有多少？这种积累会对后来者形成一种壁垒，新进入者在短期内的投入无法与华为这种长期的投入相提并论，所以新进入者进入市场并且活下来的难度非常大。

客户关系能力能为企业带来什么价值

面向企业的销售（B2B）与面向个人消费者的销售（B2C）是不同的，企业采购的决策模式复杂并充斥着各种博弈，决策者在其中的作用至关重要。在激烈的市场竞争中，企业不是独自打败了竞争对手，而是与客户一起打败了他们。虽然市场中存在各种标准与规则，但当你成为规则的参与者和制定者时，别人如何与你竞争？客户关系是实现企业目标的重要支撑能力，它并不能产生直接的价值，但从业务表现上看，客户关系可以为企业带来以下 4 种收益。

1. 支撑企业实现盈利，避免陷入痛苦的价格战中

企业要想实现盈利，看起来相同的东西就要卖得比竞争对手贵。如何实现这一点？这并不是要"杀熟"，因为与客户关系好，所以就卖得比别人贵，如果这样做，从长期来看企业就会失去客户。所谓客户关系就是构建企业与客户之间的信任关系，企业向客户充分展示自身的综合实力，同时向客户展示能为客户创造的价值，以此获得客户的认可，从而说明贵有贵的道理。如果客户不信任你，他就不会接受你展现的价值，或者你展示的效果就会大打折扣。

2. 支持市场目标的达成

站在经营的角度来看，市场目标一般分为市场份额目标、盈利目标等，而想完成这些目标，则需要客户关系的支撑。

3. 支持各种市场环境下，企业业务的平稳增长

此处"平稳"的意思是，当整个行业飞速发展时，企业要抢到"大蛋糕"，快速扩张占领更大的市场份额；当整个行业发展趋势下降时，企业能够逆势而上，至少要比竞争对手强。客户关系能力要成为企业的缓冲器，减少外部环境对企业经营的冲击。

4. 支撑企业竞争目标的持续实现

现在各个行业的竞争都进入了白热化的阶段，不论是想要从竞争对手手中赢得客户，还是扩大自己的市场空间，都需要客户关系给予支撑。

客户关系管理中的常见问题

绝大部分企业并没有把客户独立出来，作为企业的重要资产单独管理，他们往往认为客户关系管理是商机管理的附属品，在管理上过于功利，导致他们在业务上有层出不穷的问题，比较典型的问题有以下 6 种。

第一，对客户关系管理缺乏整体性认识和方法论，关键客户由少数销售精英维护，山头林立，尾大不掉。客户成为个人的资产，而不是公司的资产。有一位企业家和我分享过一个案例。他们公司曾经有一位非常优秀的省区经理，带领的团队每年能为公司贡献 1 亿多元的销售额。但是这位经理有一个问题：在他来公司两年多的时间里，从来没有带着自己的老板去见过客户。老板的感觉是，这位经理不是自己的下属，而是自己的客户，自己也不是在和客户做生意，而是在和这位经理做生意。这让老板感到很不安。公司想了很多办法，想直接与客户建立联系，但是都没有成功，后来只能"挥泪斩马

谡"，辞退了这名省区经理。但辞退他以后，他们公司在当地的整个团队都跟着这位经理离开了。此后，他们公司在这个地区的业绩再也没能恢复往日的辉煌，销售额再也没有超过亿元。

第二，公司的战略制定与年度工作规划缺少客户信息的有效支撑。企业的战略制定离不开市场洞察，而市场洞察的核心是客户洞察，所有机会都来自具体的客户。华为在2004年向IBM学习战略与规划的制定方法时，发现IBM采用的是美世公司的价值驱动业务设计（Value Driven Business Design，VDBD）模型，又称"五看三定模型"，它包含宏观政策、行业发展、客户洞察、竞争分析与自身分析5个方面。在战略制定的过程中，对客户的信息掌握严重不足，导致企业对客户的理解很肤浅，不能以此对客户未来的发展趋势做出准确的判断，也无法发现潜藏在客户中的商机。正因为如此，企业应该把客户洞察的工作做深、做实，提高对客户企业档案的建设要求。

第三，没有完整的客户关系资料库，无论是项目运作、展会还是客户接待，企业都因客户信息不足而无法有效管理客户决策链。为了说明一个好的客户信息库如何影响接待高层客户的效果，我与大家分享一个案例。有一次，某地的政府代表团来华为公司参观，参观结束以后，当地领导对华为的接待效果非常满意，号召政府机关服务与接待的部门向华为学习。那华为究竟是哪一点打动了领导呢？在接待之前，华为了解了该代表团的主要领导是哪一位、这个领导是哪里人，之后从公司的高级副总裁中选了一个主要领导的同乡负责接待，这位副总裁在接待过程中经常用家乡话和领导聊天，让领导感觉很亲切，也感觉非常受尊重，所以接待效果很好。企业的客户接待都有成本，但是决定效果的，往往是一些小的细节，企业感觉效果差不多，在客户的感知中却是差很多。

第四，客户关系预算经常超标，花钱没数、没度。很多公司的费用管控由财务部门负责，因为财务部门对市场业务并不了解，所以常采用简单的预算比例法，比如将收入的 5% 作为营销费用。财务部门的管控呈收敛型，总觉得大家花钱大手大脚，每年都有压缩预算的冲动，巴不得大家一分钱不花就能解决事情。很多公司的业务部门管理营销预算的能力很弱，常说人算不如天算，他们做不准预算，因此财务部门与业务部门经常会产生矛盾。

我听过一个公司的大区总经理和我抱怨，公司每个月给他的营销费用的额度是 1 万多元，而他接触的客户层级又比较高，一个月请客户吃饭的钱都不止 1 万元，更不用提他手下的员工因为差旅费超标而无法出差了。我们简单思考一下，员工会用自己的钱帮助公司维护客户关系吗？这显然是不可能的。简单粗暴的管理方式最终阻碍的还是公司的发展。

第五，缺乏全员承接客户关系的理念，客户关系主要由客户经理承接。很多公司的客户关系压力主要集中在销售人员身上，大家认为销售人员的工作就是负责拉关系，他们也不会做别的工作。技术人员也好、交付人员也好，都有各自的专业能力，他们认为自己的价值来自自己的专业能力，很少有人愿意主动承担处理客户关系的任务。从公司的角度来看，这种情况是一个巨大的损失，因为资源的价值并没有被充分利用。不能指望员工主动担责，因为人们有时会趋利避害，都认为多一事不如少一事。公司必须通过管理制度明确职责，为销售人员提供更多的资源、授予更大的权力，由他们驱动客户层面的所有工作岗位都承担起维护客户关系的职责。

第六，企业内的员工缺乏能力，导致企业无法建立与经营客户关系。这表现在以下两个方面。

- 员工的性格根本不适合做销售人员。比如有的员工性格内向，一见客户就紧张。性格有一部分是先天的，虽说后天也不会一成不变，但是改变起来很难。

- 员工能力不足。即使性格适合，销售人员也有相应的能力要求，比如抗压能力、情商、沟通技巧等。一些刚走上销售岗位的人并不知道如何开展工作，很多公司又没有对其进行专门的能力培养，只能靠员工自己在工作中摸索和领悟，因而周期很长、成本很高。比如，如何对陌生的高层客户进行拜访？对陌生的高层客户进行拜访靠的是勇气吗？你推门进去就能成功？错！想用这种方法进去的人，进10次就会失败10次。要想成功地拜访陌生的高层客户，唯一的办法就是依靠智慧，做好充足的准备。最重要的一步就是要做好信息收集工作，不打无准备的仗。这里我引用一段关于范雎与秦王第一次见面的故事，作为拜访陌生的高层客户案例中的典范。范雎初到秦国，一连几个月也见不到秦王。有一天，范雎打听到秦王要来驿馆，第二天要去打猎。秦王的仪仗威武霸气，范雎不敢靠近，他只能蹲在茅厕的柴草堆中等待时机。他趁着秦王如厕之际，大声地读书并不停地评价百里奚、商鞅以及张仪的不足。秦王没把他当回事，觉得他是一个狂士：一是范雎的牙齿残缺，面貌丑陋；二是沽名钓誉的人很多。范雎说道:"秦国哪里有什么秦王,只有太后和穰侯!"听到这句话,秦王对范雎产生了兴趣,他怒吼道:"何等狂人?"范雎说:"秦王若不想错过可以辅佐您称霸天下的人才,请不要放弃鄙人,鄙人在这里忍辱负重两天了。"秦王礼节性地说了一句:"先生教我!"秦王并不是真的觉得他有什么雄才伟略,只是有些好奇。而且馆舍周边的仆人尽是穰侯的耳目,范雎虽然看到秦王已经上钩,但没敢继续说,只畅谈各国局势。秦王听了范雎的分析后,立刻拜他为客卿。

第 2 章

客户洞察与客户选择

【任正非语】任何国家（的市场）都是主战场，不能放弃；同时，以战略选择聚焦价值客户。

如果能放弃第一个小国（的市场），我们就会放弃第二个小国（的市场），也会放弃第三个小国（的市场）……最终就会把全世界的小国（的市场）都放弃。"防线"持续往后退，退到哪里呢？退到国内。在国内可以继续退掉西藏（的市场）、云南（的市场）、贵州（的市场），再退掉新疆（的市场）、青海（的市场）……最终就剩北京、上海了。北京、上海的市场最赚钱，但能守得住吗？别人一围，我们就死掉了。所以为了活下去，每个"阵地"对公司来说都很重要。

每个区域都很重要，但对客户要有所选择。并非有需求就是客户，有需求但是不付钱，怎么能叫客户呢？付钱买需要的东西，还能让我们赚到钱，这才叫客户；付更多的钱买东西的是优质客户。我们对客户的认识要适当地改变，世界那么大，我们不能什么市场都做，如果为了服务几个低价值客户，而把优质客户的价格都拉下来了，那就不值得了。

——任正非（引自 2016 年《任正非在中亚地区部员工座谈会上的讲话》）

客户选择与管理客户联系

如何做出正确的客户选择

中国有句老话："男怕入错行，女怕嫁错郎。"这句话说明了选择的重要性。有些人片面地把客户关系理解为请客吃饭、送礼拉关系，这是对客户关系的极大误解。客户关系管理的核心价值在于它可以帮助企业做出正确的客户选择。没有哪一家企业可以服务行业中的所有客户，在企业资源有限的情况下，企业应该进行客户选择，所选择的客户必须与企业的发展战略与愿景相匹配。对于以自我为中心或以机会为中心的企业而言，它的客户往往更飘忽不定。当被一个新机会牵引时，原有的客户就会被舍弃，这就会导致企业前期在客户身上的投资打了水漂。而华为基于其未来的发展愿景进行客户选择，客户选择既要兼顾现在，又要着眼未来，以现在为起点，逐步构建面向未来的能力。

在企业战略约束下的客户选择决定了它不会被短期利益诱惑，可以保持一定的战略定力。华为在发展的 30 年中，从来没有做一些当时看起来很热门

21

的行业。比如，房地产很赚钱，华为没有做，特别是华为在发展过程中做了一个很艰难的选择：不做"小灵通"。"小灵通"也是通信设备，华为为什么不做？当时公司对这个决定的争议非常大。华为的调研结论是：只需30个人，公司再投资2000万元，就能给公司带来上百亿元的收益。但是任总坚决地否决了这项提议。为什么呢？因为如果华为未来是通信行业三分天下中的一员，那么小灵通会是华为客户未来的方向吗？会是客户的战略选择吗？不会，这只能是一个阶段性的机会，所以任正非就否决了这项提议。你只有确定了自己未来的战略、愿景与使命，才能选择对的道路，然后基于客户的需求考虑为客户提供什么样的产品、服务和价值，这就是华为所谓的"主航道"。华为的口号就是"上不碰应用，下不碰数据"，早期的华为定位很清晰，他们就是做管道的公司。在这样的主航道的牵引下，大家就能理解华为的产品为什么是这样一个布局方式了。

一般企业对客户的认知是：买了我的东西就是我的客户。但这种认知的正确性有待商榷。很多企业都追求提升人均产出，而提升人均产出最有效的方法，就是从一个客户身上发掘出最大的价值。很多公司营销出现问题的根本原因在于管理出了问题。比如，产品和客户重合度很低，单一客户的产出很小，这种情况人均产出是提升不了的，因为拿一个大订单或一个小订单花费的时间没有太大的差异。如果企业不聚焦客户，单单认为业绩不好是因为员工不加班、不奋斗，未免有失公平。所以你会发现，当企业进行客户选择并持续在优质客户身上投放资源时，人均产出就会提升。

很多公司在维护客户关系时，聚焦于机会和项目，因此忽视了机会与项目背后的载体——客户。任何一家企业都不可能服务所在行业中的所有客户，企业的经营活动是在用有限的资源去争取无限的市场机会。

想驱动企业的变革，有两个很重要的思维方法：一个叫作站在客户的角度看自己，另一个叫作站在未来的角度看现在。正确进行客户选择的方法就是站在未来的角度看现在，即用战略的视角回看客户选择。回看后你也许会发现，现在的大部分客户并不是未来的目标客户，企业必须为得到质量更高的客户而努力。这种从未来的角度看现在的思维方式，可以让组织跳出舒适区，从而发现企业的不足。

以华为为例。任正非在1995年提出，未来的通信行业会三分天下，而华为会占其一。当时的华为还很弱小，大家也不太相信；但这正是任正非为华为规划的面向未来的愿景。到了1998年，公司内部展开讨论，如果任总说的对，未来的通信行业真的会三分天下，华为占其一，那么我们的客户是谁？我们现在的客户与未来的客户是一样的吗？通过对这两个问题的深入探讨，大家从眼前的机会中抽身而出，开始思考未来更长远的选择。我们发现，我们现在的客户质量是很低的，产品也是边缘性产品，按照这样的路走下去，华为不可能成为全球前三强。讨论之后输出了全球前100位大客户清单，就是全球资产最多的100位运营商，我们认为这才是华为未来的目标客户。

到了2003年，华为遇到了一个契机：很多跨国集团因为全球化竞争的压力，迫切需要寻找性价比更高的合作伙伴。当时，英国一家公司派遣一个专家团来中国，目的是考察新的合作伙伴。他们有两家备选企业，考察以后，专家团比较失望，认为中国企业当时还不具备成为其合作伙伴的能力。这个信息及时地被华为获取，华为立即联系了这家英国公司的专家团，请他们来华为看看。专家团参观了华为后感到非常惊喜，他们没想到在华为竟然在使用 IPD 研发管理流程（华为从 1998 年引入 IPD 研发流程变革，到 2003 年已经 5 年了，初见成效），觉得这家企业有潜力，值得深度观察一下，所以对华为开展了为期两年的供应商认证。这个过程很漫长，但是对华为来讲意义非凡，它相当于用全球最高的标准为华为做了一次全面体检，让华为知道了自己与顶级企业还有多大差距。这家公司的认证有多细致呢？举个例子，如果他们在洗手间看到地面有一摊水，这摊水在 15 分钟之内如果没有被清理掉，就会扣分，因为这存在工伤的隐患。通过这家公司的认证以后，华为再做其他公司的认证就顺利多了，半年就通过了，因为这些企业基本有着一致的供应商的选择标准。

有过这样的经历后，华为在管理和认知能力上，已经与国内其他对手拉开了非常明显的差距。华为有了系统性的分析客户价值的方法与选择的标准。他们对客户进行分级管理，把客户分成了四级：S 类客户、A 类客户、B 类客户和 C 类客户。S 类客户就是战略客户，A 类客户就是伙伴型客户，这两类是公司的重点客户。B 类客户是价值客户，C 类客户是一般客户，这两类客户总体价值较小，不是华为关注的重点。分级后，华为需要持续深入地洞察战略客户和伙伴型客户，要从原来的看项目、看机会的角度，转向站在客户的角度去了解客户的行业、分析并规划客户的业务，从而判断客户未来的发展潜力以及华为对于客户的价值。

从 CTM 到 MCR

华为对客户的管理能力是在其优秀的实践经验基础上，结合 IBM 的先进管理方法逐步形成的，华为最开始采取分散的、碎片化的管理，基本是每个部门各自为政。直到 2008 年后，客户管理在华为的 CRM 变革项目群中才真正成为一个完整的流程体系，叫 MCR 流程。客户关系是一种辅助能力，它不能独立地创造价值，客户不可能因为与你的关系好，就向公司支付 100 万元，那是违法的。客户关系的价值必须通过公平交易体现。企业可以通过对客户关系与客户满意度进行管理，从而实现自己的目标。要实现这一目标，有两个工作重点：一是管理客户群；二是管理客户接触（见图 2-1）。因为客户是通过体验产品与服务、通过接触完成对企业的价值感知。

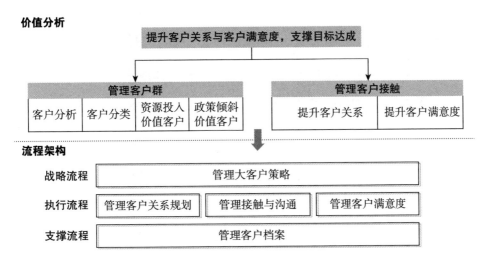

图 2-1　企业客户关系目标达成任务分解图

企业的业务意图必须通过业务活动承载，由销售体系共同完成。各个部门之间，甚至各个岗位之间，所有的业务活动都应该密切相关、相辅相成，通过协作为客户创造价值。那么，如何建立这种相关性呢？可以通过流程体系实现这一管理目标，为了把客户选择与客户接触的重点工作融入日常业务，将管理客户关系的流程分为 5 个二级流程：客户洞察与选择、客户规划、客户接触、客户满意度，以及客户档案。在前面提过一个观点，即客户关系是一种投资，企业需要考虑资源的投入产出比，所以并不是客户关系越好，就对企业越有利。企业基于客户价值的不同，在采取相应的管理方式，这一点将在后面的章节中详细叙述。

从只关注人转向了先关注企业，再关注人，看重的是合作的可持续性，也就是必须关注客户的战略，关注在整个生态链中，与客户是否有长期的共同利益，是否有长期的合作基础。而要实现这一点，就要求与客户在人际连接层面做得更深、更细，在客户组织架构中，对各个部门的覆盖面、覆盖的层级，以及关系的亲密程度都把握得更好。这样才能实时感知到客户的一举一动，引导组织更加适配客户的变化。

客户洞察的重要性

企业服务客户的能力建立在理解客户的基础上。对于高价值客户，企业必须做好深入洞察，即使耗费企业很多的资源也必须去做，企业要成为高价值客户的知心人和同心人。

案例	现在新零售的概念很火，而在新零售领域，有一款产品叫作电子价签，即用 LED 液晶显示屏取代传统的纸质标签。电子价签的生产厂家有两种类型的客户，一类是传统的商场、超市，比如家乐福、沃尔玛；另一类是互联网企业，比如盒马生鲜以及各种无人超市等。

问题：

- 电子价签取代传统的纸质价签，对于客户的价值是什么？

- 对于生产电子价签的厂家而言，传统的商场、超市（后文简称商超）与互联网企业有什么不同之处？

案例解析：

电子价签对超市的价值： 电子价签兴起于欧美国家，早期属于小众产品，用户面不广，价值感知不强。对于欧美的大型商超来说，电子价签可以节约人工成本。特别是它帮助超市解决了一个长期以来难以解决的管理问题。超市不同位置的货架以及货架的不同位置，货品的销量是有差异的，所以就有了"黄金货位"的说法。以前超市的管理过程中有一些灰色地带，有些厂家为了能够拿到比较好的货位会向超市的管理者输送利益，以便把自己的货品摆放到比较好的货位上，但这变相地损伤了超市的利益，那些用户群体更大、利润更高的商品，由于摆放位置不合适销量不佳。对这种情况，超市一直没有很好的解决办法，国外的大型商超有几千家店，用巡店的方式解决，显然是事倍功半；而让各店自检，拍照上传，谁也不会上传摆错货品的货架照片，给自己找罚。

直到电子价签出现，这个问题才得以解决。电子价签与货架连成一体，没有专用的工具拆不下来，强行拆除会触发报警系统。而电子价签的数据由系统统一下发，这就保障了货品与数据的一致性。当电子价签传入中国，电商蓬勃兴起后，电子价签被发掘出了更大的价值。首先，它能够提供的信息更丰富，如产地、保质期、商品的用法等；其次，用它变价更方便，它让店家可以根据不同时段、不同人流设置不同的促销方案。另外，电子价签还可以提供在线结算、线上线下一体化购物的方案，超市对客户的服务范围进一步扩大了。

对于电子价签厂家而言，传统商超与互联网企业的盒马生鲜、无人超市等价值一样吗？ 传统商超与互联网企业的超市存在竞争关系，对于传统商超而言，它的特点是规模大、货品全，但是店铺的位置一般比较偏僻，因为要考虑租金成本。电子价签技术可以帮助传统商超向互联网转型，这是在其原有能力基础上的加成，让传统商超可以抵御互联网企业的跨界冲击；而对于互联网企业而言，社区超市的布局是企业商业模式中的一个环节，超市数量多但每家店的商品种类少，主要是常用的快销品。超市对互联网企业的价值在于它可以通过这种方式采集用户数据，使互联网企业完成对消费群体年龄结构的分析、消费能力的分析以及生活轨迹的分析，并以此发掘出更大的商机，比如精准的广告投放等。商品售卖不是唯一的利润来源，因此，它的商业模式决定了它可以为了获取客户流量，以低价、平价，甚至亏本价销售产品。

根据这个案例，可以得出什么结论呢？电子价签厂家与传统商超是一种商业互补的关系，可以共生，并且存在长期的共同利益。所以，电子价签厂家必须帮助传统商超对抗互联网企业，否则传统商超有可能被互联网企业的新兴商业模式打败，就像当年360用杀毒软件免费的策略，打败了所有传统的杀毒软件厂家一样。而对于互联网企业而言，电子价签厂家与其在短期内是合作关系，但是从长期来看，两者有可能是竞争关系。电子价签是用户数据的入口，如果互联网企业的用户都从你这里进入，那你岂不是与它掌握了同样的数据？从长期来看，即使只是一部分数据对互联网企业来说也是无法忍受的。所以互联网企业才会要求参股电子价签厂家，如果你不接受它的注资，它就可能去扶植其他厂家来打击你。

再强调一下客户洞察的重要性，如果只关注客户给的订单，而不对客户的业务进行长期深入的分析，轻则难以发现潜在的商业机会，重则会遭遇难以对抗的危机。

如何进行客户洞察

　　华为的客户洞察方法与其他企业的客户洞察方法有何不同？一般企业的客户洞察方法是自下而上的，更关注客户的需求与投资，比如，他们首先会关注客户在产品、解决方案、服务、商业模式上有哪些需求，以及这些需求是否在本企业的资源与能力范围内；其次，他们会根据客户需求和企业资源和能力的匹配情况，进一步分析与本企业相关需求的采购程序，以及采购过程中的关键人，最后建立客户关系，以赢得订单。这个分析逻辑好像也没错，是一种自然而然的问题思考方式，也有完整的逻辑。

　　那么问题出在哪里？首先，第一个问题是，这是一种以自我为中心、而不是以客户为中心的思维方式。这种思维方式考虑问题的出发点是我们能做什么，而不是客户需要什么。因此，企业对机会的选择以企业现有的资源与能力为边界，遇到与现有资源和能力差距太大的机会就会放弃，即使机会很诱人，企业缺少战略耐性，这容易让企业停留在舒适区，因为在原有领域做老产品时，各个部门运转配合得最顺畅。就像一个开包子铺的老板，他一定希望大家每天每顿都吃包子，如果你不愿意吃包子，那么你就不是包子铺的目标客户了，包子铺要去找出那些想吃包子的人，这是一种机会导向的狩猎模式——企业永远陷入寻找新客户，开发新客户的循环中。第二个问题是机会获取的途径和方式单一，主要由销售人员完成。销售人员受视野和能力的局限，一般重点关注客户的采购部门与建设部门，其他部门他们兼顾不到，这种守株待兔的工作方式，体现到具体的商机上，就会突显两个问题：一是商机发现的数量少；二是商机发现的时机晚，让企业很被动。

华为自上而下地分析与洞察客户，更关注客户的中长期价值。B2B 类客户的拓展周期比较长，如果企业花费 3 到 5 年，好不容易拓展了一个新客户，但是下一年客户倒闭了，那么这些年在这个客户身上投入的人力、财力、物力就无法获得回报，从投资角度看，投入的产出就不够理想。这种例子屡见不鲜，一些知名大公司在陷入困境时，拖垮了多少上下游的企业？很多产业链中的小企业辛苦奋斗十几年，一夜间功亏一篑。所以对于高投入的客户，企业要从以下三个方面对他进行全面而细致的分析。

外部环境分析

遇到风口，猪都能飞上天。这个部分是用来判断客户所处的外部环境是不是将迎来一波行业发展的大潮。华为用的分析工具是波特五力模型。波特五力模型是 20 世纪 80 年代初由迈克尔·波特提出的竞争战略分析模型。由于与国内其他企业相比，华为的管理变革启动得比较早，所以采用的多是 20 世纪 80 年代比较成熟的商业模型与工具，工具虽然老，但是华为用得比较得心应手，效果也还不错。

- **市场进入的障碍**。客户的行业有没有进入的门槛？如果没有，竞争者蜂拥而入，就一定会经历一轮适者生存、优胜劣汰的过程，从而拉低整个行业的利润。比如，我现在所在的咨询行业就属于一个差异化较大的行业，太强的人不屑于干、太弱的人又干不了。进入门槛不高，但是做大、做强很难，品牌价值不明显，产品更新快，这都是行业的特点。所以从华为离职的同事中，有很多人进入了咨询行业。如果是芯片、操作系统领域，进入门槛就高多了，操作系统的业务基本上集中在微软、苹果、谷歌这几家公司，芯片行业则是集中在英特尔、高通，别人很难再进入。虽然华为同时进入这两个领域，但那是在生存危机之下的战略选择，而且华为早在 20 世纪 90 年代就开始布局了，布局比较早，并持续投入了大量的资源，能不能成功，还有待时间的检验。

- **替代品的威胁**。客户有没有可能被新技术、新商业模式打败？比如网上购物对实体店铺的冲击，网约车对出租车行业的冲击。我们需要关注客户的服务、产品与商业模式有没有可能会被新兴企业颠覆。如果存在颠覆性力量，对我们而言，既可能是机会，也可能是威胁。如果我们的产品与服务可以帮助客户应对危机，这就是重大利好，是我们难得的机会；如果客户的威胁是不可抗拒的，那么就要做好风险预案，管控风险，做好风险隔离。

- **购买者与供应商的讨价还价能力**。这种能力决定了客户的获利能力。客户所在行业的进入壁垒越高，客户讨价还价的能力就越强。比如高通就很强势，在华为与高通的合作过程中，高通要求华为提供 6 个月的预测量等同于订单，即华为预测自己 6 个月会购买多少芯片，就必须买回去。这其实是一个不合理的条款，因为一般的企业是无法准确地把握 6 个月以后的项目是否能签单。但是高通不管这些，它在行业中的不可替代性决定了它可以把风险转嫁给客户，所以高通的盈利能力就很强，通信行业有个说法叫"高通税"，充分说明它的行业地位。

- **竞争对手之间的竞争。**客户所在行业的竞争者的数量以及客户在行业中的位置决定了它的获利水平。客户的客户的选择面越宽，就会压低客户的价格，影响客户的收益；同时为了建立竞争优势，客户必须在市场端和研发端同时加大投入，这也会影响到客户的收益，而客户就会把这种压力转嫁给企业。

企业概述分析

遇到风口，谁都能飞上天，但是风口过后，有些人就会掉下来。行业好的时候，并不是行业中的每家企业都好；行业不好的时候，也不是行业中的每家企业都不行，所以分析企业的价值必须要结合外因与内因。

- **企业的愿景与使命。**这是华为比较看重的，即客户是否有长远的追求。华为追求的客户关系的最高境界是与客户建立战略型伙伴关系，关注客户的战略定位以及价值选择，分析从长期来看双方的互补性。良骥不与驽马为伍，华为致力于成为世界顶尖的通信设备提供商，丰富人们的沟通与生活，因此，在对客户进行选择时，华为也会看重彼此的价值观是否趋同。志同道合才是长久合作的基础。

- **客户主要业绩分析。** 心比天高，命比纸薄的企业很多，将企业的使命、愿景、价值观挂在墙上的企业很多，真正践行的企业很少。客户有没有做到知行合一，要通过它的业绩表现验证，结果不会骗人，我们需要跟踪与分析企业历年的业绩表现完成业绩分析（分析业绩是如何取得的），进而判断客户的发展潜力。

- **客户核心能力分析。** 进一步分析客户的核心能力是什么？是销售团队特别强，还是技术积累特别深厚？客户的战略控制点在哪里？它在行业中的竞争优势能长期维持吗？

- **客户当前的机遇与威胁。** 在此，需要提醒大家的是，这里的分析对象是客户，不是我们，要把我们的分析结论与客户交流确认，对未来机会与风险达成共识。这样做，一方面可以呈现我们对客户的理解能力，以及对客户的价值，我们与客户不是纯粹的买方与卖方，而是伙伴；另一方面可以驱使客户与我们共同行动，共同把握机遇，对抗风险。

客户需求分析与采购决策模式分析

对客户进行了自上而下的全面分析后，企业再诊断客户需求时，视野就被拓宽了。从当期价值来看，首先理解了客户的整体业务，在现有的产品服务之外，依据公司的资源与能力、战略定位、主航道选择，发现了更多的新机会，这为产品开发、资源汇聚提供了指引；从长远价值来看，分析客户的战略定位、战略选择与战略痛点，与客户构建战略共识，这些都有助于企业与客户形成长期的战略伙伴关系，也让企业未来的发展方向有了依托。全面梳理客户需求，就会发现现在就可以完成的、需要定制开发的、需要在战略中进行规划的短期、中期、长期的需求。为了实现这些不同的需求，要梳理客户的组织架构、采购决策模式，并分析客户的组织架构在未来会有怎样的变化，采购决策模式是否会变化，从而识别关键部门、关键岗位、关键人，提前对客户关系进行布局。客户关系的拓展需要一定的周期，比如半年、一年，甚至 2 ~ 3 年，这种提前布局有助于新的机会出现后，有能力把握它，而不是与其失之交臂。

任何企业都一样，用心和不用心最终会在结果上产生差异。当年我国台湾地区塑料大王王永庆最开始做生意时是开米店的。开米店是解决人基本生存需求的小生意，同质化竞争相当激烈，但是王永庆即使开米店，也与别人不同。比如他会记一本账，记录来买米的人的家里有几口人，每天大概会吃多少米，这就是一个简单的客户洞察。那做这个客户洞察是要干什么呢？答案是要在产品和服务上有所创新，与别的店形成差异。首先看产品差异，当时很多米店先从农户手中收购稻谷，然后将稻谷倒在路边碾压从而把米分离出来，所以米中容易有稻壳和小石子，但是各个米店的米都以这种方式加工，因此大家习以为常。但是，王永庆的做法不一样，他把米过了筛子，去除了稻壳和石子，所以他的米就很受欢迎。再看服务差异，以前顾客买米都是亲自去米店买，如果每次买很多米，对于一些老人或者孩子，将这些米搬回家就会很困难。王永庆的服务方式不一样，他根据账本中的记录，预计顾客上次买的米还剩下 1/4 左右时，主动把米送到顾客家里。米是日用消耗品，如果店家主动送货上门，米的品质很好，价格也差不多，那么顾客有什么理由不选他呢？

　　企业客户洞察价值的发挥，需要两个外因。第一，要能输入明确的客户选择。如果企业的战略飘忽不定，客户总是变来变去，企业就无法进行有效洞察。第二，需要时间的积累。客户洞察是一个日积月累的过程，特别是对客户战略的洞察，由于信息很难获取且碎片化，因此很多分析的结论都存在是假设，需要同客户进行验证与确认。但是难的事情也许是好事情，它会筛选企业，别的企业没有做的事情而你做了，企业能力就会出现差距。

客户选择与分级管理

通过有效的客户洞察，企业可以选择正确的客户，以便在资源投放、服务响应等方面做到有的放矢、主次明确，使投资回报最大化。如果企业通过客户洞察发现客户未来的业务会高速增长，并且这个客户属于企业的高质量客户，那么企业就应该为这类客户重点投入更多的资源，为客户创造更大的价值，与客户形成一种共生的关系。因为企业投入的资源越多，客户获得的价值就越大，反过来就会为企业创造更多的机会，由此企业与客户共享增长，实现共赢。

企业在发展过程中一定要持续选择客户。客户是个抽象的概念，它不是指某一个具体的企业，因为客户既会有新兴的，也会有衰亡的，但是无论行业中的客户如何变化，都要与成功者站在一起，所以客户洞察是一个持续的过程，需要不断地基于洞察选择与调整客户，并且构建价值，保持客户对我们的黏性。

客户分级的核心在于：为什么要选择这个客户？企业对于目标客户的选择取决于企业的战略、定位、对于客户的价值预期。对企业而言，战略是企业在资源有限的情况下取舍机会，这是战略的核心价值，选择与定位的目标客户也没有绝对的好坏之分，奢侈品有奢侈品的客户群体，快销品有快销品的客户群体。如果80%的业务来自5个核心客户，这对企业来说是好事还是坏事？其实好坏都有。

好的方面是：顶尖客户破产的可能性相对来讲比较小，最大可能是变大或者变小，客户关系是一种持续性投资，怎么能保证投资有效性？那就是这个客户能生存得足够长，因为他要破产了，你的投资就打水漂了。所以华为在选择客户时，会选择行业中的顶尖客户。这些客户哪怕兼并重组，也不会直接倒闭，它能保护华为的投资。大客户往往有大订单，华为有的合同单笔成交额就上亿美元，甚至10亿美元的合同都有，大订单既可以极大地提升企业的人均产出能力，还可以支持公司有比较高的薪酬支付能力。

坏的方面是：客户没有倒闭，但是如果它不与我们合作了，会对我们的业务产生很大的冲击，客户身上的投入都浪费了，包括服务团队和扩充的产能等。所以企业在战略选择中把目标客户定位为大客户，这是好的；但是如果企业没有能力与之保持长久的合作关系，那么选择大客户就可能会成为企业的定时炸弹。对很多企业而言，最欠缺的是针对大客户的战略控制能力。战略控制能力是什么？就是让客户离不开你的能力，即要构建客户黏性。

客户的黏性可以分3层来构建，第一个层次是影响客户的感知。与客户保持顺畅的业务合作，无论是战略研讨、业务规划、销售、设备交付还是售后维护，让客户有好的评价，给客户舒服的感觉，这只是第一层；第二个层次是能够帮助客户成功。可以提升客户赚钱的能力，这时客户的感觉就不仅仅是舒服了。比如小米手机，它采用的是高通骁龙845芯片，这个芯片要500多元钱，虽然这个芯片很贵，却是小米产品的核心卖点之一，它可以支撑产品制定较高的售价。如果产品能够成为客户的卖点之一，那么客户的依赖性就会极大地增强，因为我们的产品为客户赢得了市场竞争力。现在很多企业都开始关注业务创新、技术开发和专利等企业的硬实力，能不能把我们的专利转化成客户对外宣传中的产品卖点呢？如果可以，我们的价值就跳出了产品价格的范畴，因为能让客户的产品有更高的溢价，能帮他赚钱。第三个层次是战略层面的，是企业文化与价值观的契合。所谓志同才能道合，与客户共同构建面向未来的共识，形成长期利益，才能构建持续的、不会被轻易替代的合作关系。

华为的客户分级一般通过以下3个步骤实现：第一步是分析客户基础数据。它需要用到客户企业档案（客户企业档案的内容在书的后文会详细讲解），以及来自第三方分析报告中的相应数据，并会交叉验证数据，以提升基础信息的准确性。第二步是识别客户价值。企业结合自身当前在行业中的位置、本企业的战略选择（也就是本企业的未来）、客户的价值回报曲线分析，兼顾当期价值与长期价值、显性价值与隐性价值对客户的价值进行打分。隐性价值怎么理解？比如对于医药行业，三甲以上医院是医院中的排头兵，如果能够与三甲以上医院合作，在行业中就会形成灯塔示范效应，那么，我们在计算三甲以上医院的价值时，就不能仅仅考虑营收规模，还要考虑品牌价值。第三步是对客户分级与制定客户政策。基于客户的价值大小对客户进行分级，把客户分为战略客户、伙伴客户、商业客户与一般客户。在客户分级管理方面，企业最容易犯的错误就是直接将企业正在提供服务的客户分成三六九等。比如企业现在有 10 个客户，就把 2 个定义成战略客户，3 个定义成伙伴客户，剩下的 5 个定义成一般客户，这不是正确的做法，它过于功利和短视。企业的客户分级与客户选择的核心是要支持企业实现战略目标，比如华为在 1998 年梳理出全球前 100 位大客户清单时，还没有与这些客户开展业务合作。有没有合作和客户有没有价值是两回事，不能混为一谈，不能因为没有合作而降低评估客户价值的标准。正确地识别与选择客户价值，有助于企业明确自己的目标，正视资源与自身能力的差距，沿着自己的选择不断地提升实力。

在辅导企业时，客户问我一个问题：华为的客户管理特别注重投入产出比，所以要求只洞察高价值的客户。但是在洞察客户之前，华为怎么知道哪些客户是高价值客户呢？在实际操作中，绝大多数企业的客户数量多而散，如果严格按照客户洞察的方法，企业的时间成本和其他投入成本就太高了，不具备可操作性。目前公司服务的所有客户中，战略客户是哪些？价值客户是哪些？客户价值评价的标准应该怎么制定？在客户管理初期，企业中的管理者会通过集体智慧共同解决这些问题。运用公司最聪明的一批人的集体智慧来保证大部分价值客户被识别出来。如果决策错了，通过对识别出的客户进行持续和深入的洞察，也可以帮助企业发现和修正其对客户的价值判断。

确立大客户服务策略

　　确立大客户服务策略的目的是让我们选择的客户也选择我们。我曾经给一家深圳的企业讲授客户关系管理的课程，在课间交流时，企业的老板说苹果公司是他们的战略客户。我纠正道："苹果公司并不是你们的战略客户。"客户不太理解，于是我问了他两个问题：第一，"苹果公司的 CEO 库克来过你们的公司吗"？他的回答是没有；第二，"如果因为苹果公司，导致你们的生产线停产一天，苹果公司会向你们赔偿吗"？他回答不会补偿。我说，"那他应该不属于你的战略客户"，战略客户与企业之间是一种共生关系，客户对我们的依赖性与我们对客户的依赖性应该相差不大。

　　客户关系的顶点是战略伙伴关系，它是企业与客户之间形成的共生的、势均力敌的合作关系。这需要企业不断修炼自己的内功，提升自己的能力，打铁还需自身硬。比如，富士康公司与苹果公司之间就是一种战略型伙伴关系。如果因为苹果公司，富士康公司的生产线停工一天，苹果公司需要对停滞的生产线予以赔偿。因为富士康在产品制造的过程中成本管理能力很强，品质、成本、质量控制能力可以达到业界最优，因此无法被取代。客户服务策略是要构建客户的黏性，即增加客户离开我们的成本。如果客户离开我们的成本很低，那么我们就很危险了，随时都有可能被替换。企业的资源有限，想要把资源与能力构建在客户最需要的地方，就必须持续思考现在和将来我们对于客户的价值究竟是什么？

在企业发展的不同阶段，客户对企业的价值认知与价值选择也不同。以华为的发展为例，早年的客户，特别是海外客户之所以选择华为，是希望在原有的利益格局中引入供应商的潜在竞争对手，增强供应商的竞争意识，让自己在议价过程中处于一个更为有利的位置，把华为作为一个比价对象。对西方厂家来说，华为报价只有其他供应商的一半，如果其他供应商不降价，厂家就把订单给华为。

客户与华为合作后，他们又会发现华为更多的优点。比如华为的服务很好，随叫随到。另外，华为很重视客户的需求，响应速度很快，西方厂家不承接的需求，华为肯做，而且很快就能做出来。比如，欧洲沃达丰公司有一个需求，手机在高速行驶的列车上信号很差，打不了电话，非常影响客户体验，他们希望设备厂家能帮助他们解决这个问题，但是别的厂家认为这种场景是特殊场景，影响的客户数量很少，没有市场价值，所以不接受这个订单。没有办法，他们找到了华为，看看华为能不能帮助他们解决这个问题，为了解决这个问题，华为租下了从上海到杭州中间20公里长的高铁线路，投入了100多人，花费了几千万元，用了一年的时间反复测试，开发并实现了客户的需求。随着合作的进一步深入，客户发现华为是一家很有追求的企业，有远见、格局和正向的价值观，他们与华为在企业文化、价值观、战略发展方面找到了更多的利益共同点，因此与华为建立了更深厚的互信关系和更深层次的合作关系。

综上所述，客户服务策略首先要分析客户选择公司的原因，客户对公司的主要诉求是什么，不同客户选中公司是因为哪些不同价值，例如公司的进取心、解决方案的创新能力、快速响应能力、定制化服务、价格低、融资服务、商业咨询、便利性……这些都是企业能为客户带来的价值，而企业对客户的服务策略就是如何识别和实现这些价值。企业可以从客户对自身的所有诉求中，选定几个与自身对该客户的诉求一致且短期内有机会实现的，将这些诉求作为客户的核心价值去实现。

在识别和实现客户的核心价值时，企业的重点在于构建自身的战略控制能力，也就是自身与竞争对手相比，对客户的价值差异是什么？不同客户对企业的价值诉求不同，企业应该思考的是，如何给不同的客户带来不同的价值？企业准备通过哪些解决方案满足不同客户对企业的价值诉求？例如，客户诉求是轻资产运营、风险转移或分担、创新的商务解决方案、商业咨询、流量经营等。企业在为客户创造价值的同时，也必须反思自己的盈利模式，即在给不同客户提供不同的解决方案时，除了要满足客户需求，也必须思考不同解决方案，自己盈利模式都是什么？是否要改变与客户做生意的模式？在实现客户价值诉求的同时，也要分析企业对该客户黏性的获取，及长期获利的关键要素是什么？因此，企业要构建战略控制点。战略控制点可以理解为过去帮助企业成功且不能丢失的（如技术开发、响应速度、客户关系）以及未来取得成功不可或缺的能力。

客户策略要细化为业务管理规则，以此作为各个组织开展工作的依据。比如客户接待标准、商务水平、服务响应速度、需求接纳的优先级，以及生产调度系统供货计划保障的优先级，都与客户的分级有关。有了这样明确的规则之后，组织与组织之间的沟通协调工作就可以大幅度地减少，避免事事都要管理升级，需要跨体系的大领导去协调，从而加快企业运作的效率。

跟踪与监控客户策略

　　企业处在一个时刻变化的市场环境中，它对客户的管理也是一个动态调整的过程。华为负责客户关系管理的主体是在公司客户群下面的市场部门，这个部门会例行跟踪与监控客户管理，具体行为主要表现为以下 4 个方面。

　　关注客户变化。时刻关注客户的个体变化以及客户群体的变化。对个体而言，既要关注客户企业的变化，如战略调整、业务调整、组织调整等，又要关注客户中人员的变化，比如关键岗位上的人员发生了变化，这个变化对于企业来说意味着什么？而客户群体的变化是指客户总体情况分析，比如现有客户多少家？价值分布是怎样的？战略客户多少家？价值客户多少家？新增了多少客户？流失了多少客户？有哪些客户属于异常流失？是否需要启动管理回溯？

　　关注客户声音反馈。所有客户离开我们，都是因为对我们只有深深的失望。我们在为客户提供服务后，要清楚一点：我们是凡人，总会有这样或那样的不足，客户可能会把这些不足告诉我们。如果我们与客户的关系足够好，客户的声音可以帮助我们发现企业现存的问题，让我们找到管理改进的方向。

客户的声音也可以让我们更加了解客户，强化对客户需求和客户价值的判断能力。

关注客户问题的闭环解决。关注对客户问题的发现与解决，并通过管理客户问题判断客户策略的有效性和价值。客户问题中，有一部分是客户内部原因导致的，也有一部分则是我们的管理问题导致的，努力使客户问题快速闭环，一方面可以降低企业的问题解决成本；另一方面可以维持与提升客户满意度。

分析客户收益。客户关系有功利性，但是不能过于功利和短视，不能觉得才与客户建立联系，客户就会下订单。我们应该用客户价值回报曲线对客户的价值预期进行分析，比如一年后营收规模达到多少，三年后达到多少。良好的客户关系是长期共生的关系，会构建势均力敌的共赢局面，我们对客户的付出，也是期望能够得到回报的，以便我们有能力持续为客户贡献价值。所以在跟踪与监控客户价值时，需要持续分析客户带给我们的收益，观察收益与我们的预期是否符合？如果不符合，可能会有两种原因：一种是我们的工作不到位或资源投入不足，没有充分发掘客户的价值；另一种是我们对客户的价值判断有误，对客户的期望过高。两种情况都需要我们重新调整客户的定级或客户的服务策略。

大客户服务策略并非一成不变，客户群会组织年度评估，以便我们根据效果重新审视和调整策略。这里有个特殊的地方，华为的客户主要是运营商，业务相对比较确定，体量大，变化缓慢，所以以年为单位进行调整管理是可以的。但是很多行业，比如互联网行业、金融行业、教育行业等，客户体量小、变化快，以年度为单位来管理就显得迟缓和不适应变化，所以管理频次要更高一些，比如按照季度或者半年进行调整，才能满足业务需要。

市场部门会输出一些产品数据信息，以供相关部门或管理层进行管理决策，比如客户分析报告、客户动态简报，这种产品信息密级不高的报告，总监层的主管都可以获取；还有一些属于有专门用途的专业分析报告，比如客户 CEO 变化专题分析报告、财务分析报告等，各专业部门定向委托需求时才能获取。

制定大客户策略包含洞察客户、选择客户、客户策略确立、跟踪与监控，这是一个完整的过程，其重点在于驱动组织对客户的变化进行反应，客户声音与客户问题会成为针对这个客户下年度客户关系改进方向的重要输入来源，促使企业更好地服务客户。很多企业对于客户的管理是碎片化的，前端没有客户洞察，后面没有客户策略确立与过程监控，只有一个孤零零的客户分级，也是拍脑袋拍出来的，业务没有闭环，这样的客户管理是没有价值的。

第 3 章

客户关系规划

客户关系规划是一种在市场中构建竞争优势的企业管理方法，它可以提升企业资源的使用效率。企业在市场中经常会遇到以下情况：在企业的优势市场、企业的"粮仓"中，竞争对手不断地袭扰企业，使用低价，甚至赠送的营销策略；长期合作的客户，每年都要求重新招标，使企业不断与人竞争。为什么会出现这种情况？因为这就是商业的本质，商场上没有永远的朋友，也没有永远的敌人，有的是亘古不变的竞争。企业生活在一个竞争日趋激烈的市场环境中，假设是生产独一无二产品的商家，那企业不需要构建客户关系，客户会主动找你买产品。遗憾的是，企业的产品和服务存在可替代性，市场中存在企业自身、客户以及竞争对手的多方博弈，各方都在为自己争取最优的生存位置。动态的博弈形成一种平衡，而未来这种博弈将成为一种常态。

华为的全面客户关系管理

在客户关系管理方面，华为与其他企业最大的区别在于，它倡导和实行全面客户关系管理，它包含普遍客户关系、关键客户关系、组织客户关系3个方面。一般企业在客户关系管理上容易犯的错误是过于短视和功利，直奔主题，客户关系主要围绕一两个人开展。市场一线试图说服公司，只做最关键的关系，因为这样成本最低。

但这样做的弊端是什么呢？ B2B类企业的决策特点是集体决策，决定事情的时候需要大家讨论。比如在总经理办公会上，如果决策者的意见与大家的不一致，他也不可能坚持己见，因为在现在的决策体系中，一个人决定一切的社会环境不存在了。不管想不想，都得开个会，开会后，决策者周边的其他因素也可能会对决策结果产生很大的影响。华为在发展初期与众多小公司就有所区别，小公司更短视，有合同就一窝蜂地来了；没合同，就一窝蜂地走了，它们忽视了客户关系的长期建设与经营所具有的战略性和结构性。这有点像下围棋，关键客户就是围棋的棋眼，如果你只有一个棋眼，被对手一堵，你就很可能满盘皆输。

普遍客户关系

普遍客户关系是建立良好市场氛围的基础，同时，提升普遍客户关系有助于稳固关键客户关系，建立、改善和提升组织客户关系。华为从普遍客户关系开始经营自己，这里说一个我以前在华为的同事分享的、他还是新员工时经历的一件事。他刚到代表处时，当时的产品稳定性较差，经常出问题。每次出现问题公司都会来很多人，既有各级领导，也有研发专家，而我的同事既要解决问题，又要赔礼道歉，这让他感到很没面子。他的导师开导他说："小同志还是觉悟低呀！凡事都有两面性，古人还讲过'塞翁失马，焉知非福。'你如果从另外一个角度理解这件事，它其实是件好事。首先，以往华为的合同由于金额低、产品低端，客户的关注度并不高，都是由处长或主任这个层级的领导进行决策。但是对客户来说，一旦出现事故，管理关注度会提升，会有副总层级甚至总经理层级的人参与决策，那我们不就是可以借这个机会名正言顺地接触这些高层客户了吗？客户投诉你是因为关注你，如果他理都不理你，你就一点机会都没有了。其次，公司调派了这么多领导和专家来代表处，一方面可以让客户感觉到公司对问题的重视，另一方面也是在帮我们建立客户关系。在解决问题之余，如果客户有新的想法和需求，也就都调查清楚了，这不就是新合同吗？"仔细一想，还真是这个道理。

任总一直强调在建立普遍客户关系时要有长远眼光。2003 年，华为曾经陷入经营危机，有干部建议裁撤很多区域的客户团队，因为这样可以降低很多成本，反正他们现在也没和客户签合同，还要不断地让他们和客户维持关系。但是任总否决了这个建议。他说："我相信这就是我们与其他公司的区别。我们每层每级都贴近客户，分担不同层级的客户的忧愁，客户就投给我们一票。这一票，那一票，加起来就有好多票，最后即使最关键的一票没投给我们也没有多大影响。当然，最关键的一票我们同样也要用心建立关系。我们要求所有部门都参与到普遍客户关系的构建中，坚持普遍客户关系的原则就是把每个人都看作珍贵的一票，不要认为对方仅仅是一名运维工程师就不做维护、不介绍产品，这也是一票呀！一定要加强普遍的客户沟通，要建立普遍沟通的制度，沟通不够怎么办？那就降职、降薪。做不了沟通的员工要慢慢淘汰掉。有些人因为性格问题不擅长与人沟通，那就转到别的岗位。

"也要对研发部门所有的副总裁级人员建立每周见几次客户的制度，研发部门副总裁的人员名单要汇报到客户群管理部，由客户群管理部把对他们的考核要求交到研发干部部。副总裁级人员每周也要见几次客户，次数由市场部门来制定。坚持与客户进行交流，听一听客户的心声，我们就能了解客户更多的想法。我们今天的进步，是客户教我们的。不断地与客户沟通，就是让客户不断地帮助我们进步。如果嘴上讲365天都想着产品、想着市场，实际上连市场人员、客户的名字和电话号码都记不住，未免有些言不符实了。

"华为因为客户才能成功生存下来。公司从上到下都要围着客户转，华为之魂是客户，而不是一两个高层领导。建立客户价值观，就是围着客户转，转着转着就实现了流程化和制度化，公司自然就会进入正轨。所以，要推广普遍客户关系。"

关键客户关系

关键客户关系是项目成功的关键，它的提升也可以改善和提升组织客户关系。关键客户是指在客户的组织中拥有决策权力的人，比如 CEO[一]、CTO[二]、CFO[三]、VP[四] 等，他们就像客户组织中的战略高地，是各个厂家必须争夺的重点。对众多企业而言，关键客户关系最大的痛点在于资源掌握在老板和少数高管的手中，一线员工和中基层主管无法承接拓展和维护高层客户关系的责任。很多企业发展到一定规模后停滞不前，这并不是因为行业中没有机会，而是因为组织能力遇到了瓶颈，即使单从客户关系拓展这一点来说，他们也无法支撑企业的可持续发展。因为老板和高管不得不直接冲到第一线，成为企业最大的销售员，所以他们没有时间去思考对企业长期发展更重要的事情，比如公司的战略方向、人才发展、资源整合等。

一线员工拓展高层客户的效果不好，这是不是应该把原因归咎于我们的员工不努力？这种说法有失公允。首先我们需要理解，高层客户拓展是一项较难的任务，而且越来越难了。在早期市场中，客户比较淳朴，没接触过系统的销售话术，常常被一些新鲜的名词吸引注意力，又不好意思说自己不懂，所以引导他们相对容易。但是今天，客户的学历越来越高，专业能力也越来越强，很多人都成了领域内的专家，在这种情况下，传递价值与博取客

[一] 首席执行官（Chief Executive Officer）。

[二] 首席技术官（Chief Technology Officer）。

[三] 首席财务官（Chief Financial Officer）。

[四] 副总裁（Vice President）。

户信任的难度在无形中增大了很多。现在员工要想构建与客户高层的信任关系，首先需要破除三个天然的障碍：第一，资源不对等。双方拥有的资源不对等，无论于公还是于私，你没有能给客户带来价值的能力，那你如何吸引他？第二，能力不对等。无论专业能力还是人生阅历，高层客户都远强于我们的员工，客户根本没有和你对话的兴趣。你又不是客户的孩子，他有什么义务帮你成长吗？第三，地位不对等。传统文化很注重长幼尊卑，等级观念较重。如果对方是总经理，而你只是一个普通的销售人员，客户见你是"纡尊降贵"，只能偶尔为之。

组织客户关系

组织客户关系是牵引市场长远发展的发动机，它的改善和提升可以使关键客户关系、普遍客户关系得到改善和提升。它体现在客户对公司的品牌认知、美誉度与价值感知上。组织客户关系的建立需要一个长期的过程并且会消耗很多资源，但是这对企业来说却是必需的，因为这样可以平衡客户资源由少数精英掌握给企业带来的风险。

组织客户关系的建立充满阻力，这种阻力不仅来自于客户，还来自于公司的内部。因为一旦组织客户关系形成，个人就变得可替代了，这会影响一些人的利益，因此变革就会被抵触。组织客户关系的管理必须由公司层面统一规划、统一管理，才有可能持续并产生效果。这几年市场环境不好，给各行业、各企业都带来了巨大的冲击，无人能独善其身。但是在这个时候，组织客户关系的价值就尤为明显。

市场出现困难时，企业在市场上建立并保持良好的企业形象、增强客户的信心也很重要。现在大家普遍感觉生意不好做，其实难做方显英雄本色。好做的时候，人人都好做；难做的时候，你多拿到一个合同，别人就少拿到一个，市场竞争的本质就是优胜劣汰，客户也喜欢有实力的企业，市场环境恶化时，客户的选择会更趋于理性，那么他的选择标准会是什么呢？市场一线会告诉你，客户要最便宜的东西。但事实真的如此吗？恰恰相反，客户会更理智。

我举几个案例让大家感受一下。场景一：1995 年，华为对市场一线的要求是，出差人员必须住四星级以上的宾馆，出差住宿标准一般员工是 300 元/天（这在当时基本上可以住五星级宾馆）。场景二：2002 年，华为在深圳总部修建了两栋漂亮的办公楼，有些员工埋怨这样做是好大喜功、是浪费。公司在核算时，专门把玻璃幕墙的费用以经营成本的名目核算在市场部的名下。场景三：也是 2002 年，华为建了一个 AMBOY 公司设计的上海研究所的基地，基地当然也包括市场部的办公区域和展厅。其中有一条走廊，宽 22 米、高 35 米、长 650 米，里面可以起降五台直升机，甚至在走廊里可以进行飞行表演。市场部说五年后基地建成时，要让客户为此震惊，让他们把合同给我们，这些都是为市场部建的。因为客户一看，可能会说感觉这个公司很漂亮，也很有实力，把合同给它吧！所以说这个房子也是客户出钱建的，不是华为市场部出钱建的，一定要明白这一点。市场部是为客户服务的，客户看了舒服，华为就为他建。因此在这个阶段，华为的思路就是使客户对华为形成安全感。

很多公司有一个错觉，认为自己的产品好就没什么可担心的，但是以发展的眼光来看，这种想法未必正确。经历了 IT 泡沫以及一系列黑天鹅事件的冲击后，人们的思维模式也受到了很深的影响。华为经历 IT 泡沫破灭时，许多小公司开发的新产品安装在网络上，现在小公司倒闭了，没有办法维护了，就不可避免地被撤下来，这给了华为接收地盘的机会。很多大公司意识到，未来不应该再找小公司合作，因为很多客户高管的职位，与他选择合作伙伴的决策连在一起，所以他们更关注合作伙伴的长久生存能力。在经济走向越来越困难的情况下，用户不再选择产品，而选择公司。

客户关系规划四步法

在本节开始前，我请大家思考一个问题：客户关系构建得越好对企业越有利吗？其实并不是。企业是商业组织，资源有限，因此必须考虑资源的使用效率以及投入产出比。以华为为例，华为把客户按照价值的大小分为 4 个等级，分别是：战略客户、伙伴客户、优先客户、一般客户，针对不同价值的客户，客户关系的管理要求也不同，我们按照价值从低往高阐述。

1. 一般客户

这类客户的特点是规模比较小，发展潜力比较低，单点价值不大，一年的采购额可能在几百万元，但这种客户数量比较多，可能有几千家。对于这种体量的客户，如果每个客户都投入大量的人力、财力、物力和时间，企业就不划算了，因为华为的人力成本很高。针对这类客户，企业的管理要求主要是管理客户的覆盖程度，比如要求客户经理、产品经理每周拜访不同客户的次数不能少于 5 次，并且形成了明确的制度以做好普遍客户关系。这涉及概率的问题，我们认为与客户接触的频次越多，发现客户需求的机会就越大。同时，与客户接触得越多，客户拜访能力与技巧才会提升得越快。企业对于这类客户，不应做关键客户的考核要求（注意，这类客户的跑动对象仍然需要主管与员工共同确定，以保障客户跑动的有效性，只是管理上不做考核要求），如果管得那么细，管理成本就过高。获取这类订单主要依靠公司的产品力与品牌力，监控这类客户状态是否正常的方法主要是关注赢单率。比如这一类客户的采购占比是总订单量的40%，如果赢单率在这个范围内，我们可能就不需要特别关注；但是如果一段时间内采购占比大幅下滑，比如下滑到了30%，甚至20%，就需要深入分析一下市场究竟发生了什么，是员工在客户界面跑动出了问题？是我们的员工与客户沟通的能力出了问题？还是公司的产品和品牌出了问题？然后，我们根据问题调整管理方式与方法。

2. 优先客户

与一般客户相比，这类客户的单点价值要大一些，比如一年有一两千万元的采购量，但是这类客户的数量也变少了，可能只有几百家。对于这类客户，客户关系管理的要求提升了，不仅要做普遍客户关系的跑动，还要做关键客户的配套服务，抢占客户的战略高地。这种体量的客户的组织结构不会太复杂，关键人相对容易识别，而且关键人的话语权很大，往往是老板一言九鼎，或者是由几名核心管理者掌握话语权，企业需要把这些人识别出来，对他们进行定向公关。因为这样的关键岗位一旦与我们建立联系，竞争对手就很难再进入，企业更容易构建根据地。客户侧有任何想法或任何项目信息，企业都能够提前获取到，这让企业能够提早布局项目，赢在起跑线上；在项目中，企业在客户侧的关键人又可以帮我们运作项目，落实企业的项目方案，比如避开竞争对手，共建项目规则，这样项目的赢单率就会很高。但是这是功利的、机会主义的做法，客户关系是围绕获取项目信息和保障项目运作展开的，企业的资源提供能力往往是我们能否与竞争对手拉开差距的关键。想赢得这样的客户，需要企业明确资源与职责，定点公关，围绕客户的战略高地反复竞争，客户的难点问题被攻下以后，很多事情就水到渠成了。

3. 战略客户与伙伴客户

这类高价值客户是企业未来的安身立命之本，是可持续发展的基础，不容有失。它的价值处于战略层面，需要对其进行全面的客户关系管理，也就是普遍客户关系、关键客户关系、组织客户关系都要做，而且是要持续地做，要均衡发展，不能有明显的短板。这是强制性要求，没有一点讨价还价的余地，各区域必须在客户群的战略规划与年度工作计划中明确客户关系布局的战略思路与行动计划，掌握节奏，循序渐进。

对于企业最关心的客户关系规划工作，我们按照以下 4 个步骤规划整个开展过程。

市场目标的输入

每年年底，各个区域都会收到客户关系规划三件套（客户关系现状评估表、客户关系目标任务书和客户关系公关计划）以启动客户关系规划的工作，整个规划工作会在 3 月底之前全部完成。为什么是这样的时间安排？是因为每年的 1 ～ 3 月，是各个地区明年的年度工作任务以及预算定稿的时间，其中也就包含了本区域的市场目标。前文强调过，客户关系是一种辅助能力，其价值要通过市场目标展现，各个区域要做哪些客户公关活动？做到什么程度？消耗多少人力、财力、物力？这些都取决于我们可以通过市场目标获得多大的回报。

市场目标分为很多种类型，有山头目标、份额目标、盈利目标、竞争目标等。具体的市场目标如何确定，要根据市场的现状以及公司战略规划中市场布局的要求进行判断，全公司是一盘棋。例如，华为在1998年进入巴西市场，但是没有预料到巴西市场如此错综复杂，华为多年来一直步履维艰。竞争对手已经在此经营数十年，其多年沉淀的客户关系和对本地业务的高适配，始终让华为的前行很艰难，但是华为没有放弃，降低亏损、改善盈利状况成为华为巴西代表处多年的市场目标。到了2014年，华为在巴西代表处终于实现了当期盈亏平衡，即当年不赔不赚。到了2018年，巴西代表处实现了历史上的盈亏平衡，也就是用了4年的时间，把前16年亏的钱都赚回来了。我们不得不佩服华为在价值市场的战略定力与耐心，一旦认识到这一部分的市场是高价值的，就绝不放弃，策略归结为一个字"熬"。这种策略看起来很不理智，但是很难破解，最终竞争对手坚持不住，退出了，这一部分市场就成了华为的"粮仓"。总结为一句话：客户关系规划不是无源之水，它要有市场目标作为输入，我们才知道为何而做。

客户关系现状评估

在规划工作之前，先要评估本客户群的客户关系现状，和跑步一样，你需要先找一个起跑点。但是这对于很多企业来说很难，难就难在客户关系找不到定式，每个人建立客户关系的方法，对客户关系程度的理解很难统一。

让两个人分别去评估同一个客户的客户关系现状，很可能两个人评估的结论也会有所不同，因为个人会掺杂主观判断，也就是说，客户关系难以量化，难以量化的东西就难以管理。如果你没有相对科学的、可量化的客户关系评估方法，就无法得出相对可量化的结论。比如你去问任何一个销售人员，你的客户关系做得怎么样呀？哪个销售人员会说自己的客户关系做得很差呢？肯定都说："我做得挺好呀！"有些领导认为销售人员没几句实话，话中的不实成分比较多，所以有时候会抽检一下。比如领导到一个城市出差，他对销售人员说："你不是说你和某人的关系挺好吗？那晚上约他出来和我吃个饭。如果你能约出客户，说明你确实对客户有一定的影响能力，我就算你的客户关系做得还可以。"这是一种关键事件检查，能反映销售人员一定的客户关系能力，但是不够全面。通过多年的市场实践，华为总结出了一整套量化评估客户关系的方法。

我们以关键客户为例，向大家阐述量化评估客户关系的方法。

第一，关键客户评估的总体原则是，通过业务的实际支撑结果和过程评估关键客户信息。也就是说，我们对于关键客户的拓展质量评估是兼顾了拓展过程与最终结果的。当然，最终结果在考核中的占比会高一些，比如过程与结果的考核占比为2：8或者3：7。但是也必须对过程进行考核，因为过程是对工作的牵引，如果只看结果忽视过程，员工就会忽视正确的工作方式。

第二，需要在任务下达时就明确谁是评价对象。一线的员工每天都要去与各个客户沟通，但是并不是这些客户中的每个人都是关键人。我们要以哪个客户对我们业务的支撑作为对员工绩效的评价依据，需要主管与员工一起，通过分析客户组织权利地图、决策链、客户影响力分析，梳理关键客户CEO、CTO、COO[⊖]、采购总监等，将客户作为评价对象分解给员工。

第三，用什么事情考核。这需要以年初锁定的业务目标（市场目标、山头目标、战略格局项目）为基准，结合日常运作（活动支持、业务顺畅）和经营改善（回款、交付、合同质量），根据每个关键客户过去一年在上述业务目标中以下6个维度的表现进行判断。这六个维度分别如下。

1. 接受认可度

这个维度主要体现在员工作为企业的代表，有没有让客户通过你了解公司、认可公司，也就是客户对公司品牌的认知度。华为一直反对员工凌驾于公司之上，如果客户只认可个人，而不认可公司，这对公司是巨大的风险，因为员工绝大部分的资源是公司给予的，所以华为很早就开始关注公司品牌的建立。华为早年的客户主要是企业客户，比如运营商，而面向企业客户的品牌塑造与面向大众消费者的不一样，电视上、电梯间投放的广告对于企业客户无效。面向企业客户的品牌宣传必须定点传送，也就是要对具体的企业、具体的人进行品牌宣传。比如早些年，公司要求客户经理必须把公司的两份重要刊物《华为人》和《管理优化》定期送给客户的关键领导，这项工作是考核客户经理客户关系的关键事件之一。这两份刊物的内容是什么呢？《管理优化》是华为专门批判自己的报纸，揭露华为的问题，内容包括华为对自己的问题的反思和客户对华为的批评。华为敢把这些内容刊登出来并且拿给

⊖ 首席运营官（Chief Operating Officer）。

客户需要极大的勇气，但正因如此，华为反而赢得了客户的信任。因为从人的心理角度去思考，什么样的事情会让你觉得危险？你不了解、看不透的东西，会让你感觉到危险，一个敢于披露自己问题的企业，反而会赢得客户的信任。而《华为人》是反映华为精神风貌与价值观的报纸，会刊登一些华为员工的优秀事迹。比如2002年5月7日下午，大雨滂沱，埃及航空由开罗直达突尼斯的航班（BOEING737—500客机）在即将降落时，由于起落架发生故障紧急迫降，不幸撞到机场附近的一座山上，飞机当场折为两段。当时华为有一名叫吕晓峰的员工正在飞机上。最开始，他被意外事故震惊了，不过他很快便清醒了过来，跳出飞机的断裂段，和其他乘客一起把几位受伤的女乘客从山坡搀扶到了一块平地上。然后，吕晓峰立即向突尼斯代表处通报了飞机失事地点。华为员工沿着泥泞的山道搜索，找到了吕晓峰，而此时救援人员刚刚到达山下。华为员工找到吕晓峰时，他身上只有一件衬衫，西服已经在逃出飞机时披在了一名两岁的突尼斯儿童身上。吕晓峰面对险境所表现出来的沉着，以及在危难时刻救助他人的可贵品质，给突尼斯人民留下了深刻的印象，并受到了当地电视台的赞扬。任总在得知吕晓峰出事后，曾多次打电话询问他的情况，在出差突尼斯期间，他还亲自查看了吕晓峰的伤势。听说吕晓峰的西装在事故中给了别人，任总就在见客户的间隙，亲自带吕晓峰挑了一套西装送给他，像这样的事，就比较能体现出华为的企业价值观。《管理优化》与《华为人》一正一反，全面地向客户传递华为的企业形象，其效果是非常好的。

2. 客户接触活动参与度

这个维度主要体现在目标客户对于公司举办或参与的大型品牌活动，比如展会、论坛等的参与意愿。例如，很多企业为了提升公司的品牌形象，推动市场拓展，每年会花费大量营销费用举办或参与一些展会，但是这样做的效果并不太理想，这是为什么呢？这由 B2B 类企业的客户特点所决定。与个人消费品不同，如果是举办车展，会有很多人参与，因为他们不管买不买，都可能过来看看热闹、领个赠品。但是企业客户不一样，他们的客户往往处于细分行业，可选择的客户面很窄，也很具体，比如举办一次大型工程机械展，来参加的就是各个企业客户了，这些企业客户往往由各个厂家定向邀请，因为绝大部分人不会自费来看挖掘机。如果是厂家邀请来的客户，厂家会全程陪同，他们肯定不会把自己的客户带到竞争对手的展位。怎么让本企业的展会发挥出最大效果呢？这就需要各个区域自行做好意向客户的邀请工作，以支撑各区域的项目拓展。但关键客户肯不肯来，就很考验客户经理对客户的影响力了，所以这也成为客户关系的考核维度之一。

3. 信息传递

这个维度主要体现在目标客户肯不肯向企业提供有价值的情报。为了维持与客户长期的良好合作关系，企业需要持续获取客户企业的信息，了解客户的需求、客户内部发生的变化，以及竞争对手的动态，以便企业调整并且适配这种变化，为客户提供优质的服务。比如，企业应要求客户经理获取客户的预算与投资计划信息，在项目运作期间要求产品经理获取竞争对手与客户的交流材料、配置报价、合同等信息，将此作为各个岗位客户关系考核的关键事件。比如有一次，在与另外一家实力相当的公司争夺项目时，在完成与客户的交流后，我们公司想办法拿到了对方的交流材料，发现对方的方案建议书里有一个三维仿真图，看起来很厉害。这个图可以模拟每增加一个基站，覆盖面积和用户可以增加多少，哪些区域会是覆盖的盲区，这是一个非常吸引人的宣传亮点。当时我们不清楚对方是真正具备了这个技术，还是在吹牛，但是我们很确定的是，我们没有这个技术。但是我们也不能说自己没有，那就落下风了，所以我们就用绘图软件模拟了一个，说这个功能我们也有。到了第二次交流结束以后，我们再拿到对方的材料时，发现我们的方案中的宣传亮点，也出现在了对方的材料中。由此可见，这种信息的获取，大家其实都在做。

4. 项目及日常业务指导

这个维度主要体现在客户会不会对于我们项目期间的工作或者日常工作提供一些改进与指导建议。支撑我们的关系的信息来自客户组织内部，他们比企业更了解本组织的情况，特别是一些不足为外人道的东西。比如领导风格、高层客户之间的矛盾、客户决策习惯等。如果有他们为我们指点迷津，我们做起事来就会得心应手、事半功倍。比如企业要回一笔款项，那怎么做才能满足回款条件？企业要改变合同中一项自身不利的条款，去找谁最合适？这些事情如果有内部人为你指点迷津，处理起来会完全不同。

5. 项目支持度

这个维度主要体现在客户在项目中是不是把赞成票投给企业，这是关键客户关系的核心价值，也是客户关系的试金石。让客户这么做的难度其实很大，因为客户的投票会被别人看到，这是会得罪人的。客户旗帜鲜明地把票投给你，基本上就明确立场了。如果在客户关系上做不到这一点，那所谓客户关系不错就是虚假繁荣。不是说其他的支持不重要，但是投票是真正考验立场的时候，客户的心理压力也很大，如果投票给企业，他的利益和企业的利益就绑定在一起了，他也会成为组织中被对立方攻击的靶子。2001年，华为与巴西电信签了一个从ATM交换系统一直到接入服务器的合同，他们的副总裁亲自把合同送到中国，交给了任总。任总说他感到很光荣，他在华为工作十几年，从没有看到过合同长什么样子，这次终于看到了。客户为什么要这么做？因为他们公司的人访问过华为以后，对华为的评价都很高，认为华为可以持久生存。但是他们负责这件事情的副总裁很不放心。他说他的职业前途是与这个合同连在一起的，所以要亲自过来看一下。看完后放心了，便把合同作为礼品送给任总。

6. 竞争态度

这个维度主要体现在我们与竞争对手竞争时，关键人士的态度。在华为由一个草根企业成长为国际化企业的成长过程中，华为遇到并打败的无数对手形成了其在残酷的市场竞争中生存的能力——对竞争对手的有效管理。由于竞争对手比较强大，所以与竞争对手的竞争是一项长期的任务。华为有完整的竞争对手管理流程、组织与方法，但是所有的方法想要落实，都必然要落到每一个具体的客户。所以对于存在竞争对手的客户，华为会对团队下达影响竞争对手的任务。客户把项目给了一般的对手和竞争对手，对于公司的负面影响也有所不同，所以对于竞争对手参与的项目，企业应要求客户关系要发挥更大的作用。也就是说，如果这个项目我们拿不下来，那宁愿被一般的对手拿到，也好过被竞争对手拿到。所以企业应会关注客户企业中关键人士对于我们与竞争对手的态度，以此来判断他是朋友还是障碍，并且把该判断作为判断客户关系的标准之一。

按照上述 6 个评价维度，结合客户在业务过程与目标实现中对我们的支持程度，量化评估客户关系，从而牵引员工不断改进自己的客户关系。这里面有几个关键点需要注意：

第一，对于一个具体的客户，并不是要同时考核 6 个维度，具体用哪几个维度考核，需要结合客户所处的部门与客户在部门中的位置，综合考虑客户能够为我们做出多大的贡献。比如对某个部门，我们主要是希望通过客户得到消息，那企业就以信息传递这个维度进行考核，考核要有可以佐证的关键事件作为评价依据，不能凭感觉。

第二，评价不能过细，以免消耗企业过多的资源。华为的资源比较多，管理也比较细，把客户关系从 –3 到 +3 分成了 7 个档位，分别对应的是客户对我们的支持程度和反对程度。但是对一般企业而言，这样管理的成本太高，比如想判断客户的支持程度，我们通过事件举证还相对容易，但是想了解客户的反对程度，我们通过关键事件举证就比较难，企业可能容易知道对方不喜欢你，但是对方到底有多讨厌你，这个不容易了解，因为对方一般不会直接告诉你。我建议一般企业的客户关系划分不要超过五档，比如 3、2、1、0、–1，甚至四档也可以，但是要有 –1 项，负项主要是为了让企业识别出客户组织中的反对者，也就是客户关系的障碍点，以便企业在项目中做好风险预案。

第三，具体使用客户关系的评价维度时，要结合企业的实际情况，综合考虑收益与管理成本，不能直接照搬照抄。华为通过 6 个维度评价管理客户关系，但是其他企业也许 4 个维度就足够了，比如华为有竞争态度的考核维度，但是如果企业没有对竞争对手进行管理，那么这个维度就不需要。

关键客户关系评估标准示例，如表 3-1 所示。

表 3-1　关键客户关系现状评估标准表

评估项层级	接受认可度	客户接触活动参与度	信息传递	项目及日常业务指导	决策支持度	竞争态度
3（教练）	对我司高度认可，主动维护我司形象	定期/例行积极参与我司公/私活动	流畅地传递任何信息	主动帮助我司，提供建设性意见	排他支撑我司，主动指导业务运作	排他支持我司，反对所有竞争对手
2（支持排他）	对我司非常认可，愿意维护我司形象	积极参与我司公/私活动	流畅地传递所需信息	愿意帮助我司，提供建设性意见	排他支持我司	排他支持我司，反对特定竞争对手
1（支持）	对我司整体比较认可	视情况偶尔参与部分公/私活动	选择性提供部分信息	部分项目/业务上愿意提供建议	倾向支持我司	倾向支持我司，但并不排他
0（中立）	保持中立，无明显倾向	视情况偶尔参与部分因公活动	中立，仅愿提供对外公开信息	保持中立，无明显倾向	保持中立，无明确态度	保持中立，无明显倾向
−1（反对）	对我司不认可	不愿参与我司活动	不提供信息或者提供假信息	不愿意指导或故意误导	反对我司，支持竞争对手	反对我司，支持竞争对手

目标设定策略与措施

客户关系的目标设定要考虑到国家政策、自然环境等宏观因素和行业环境、客户、对手和我们自身等微观因素，要以年度目标、中长期目标（市场、销售、竞争、赢利）为中心，思考如何提升客户关系（包括组织、关键、普遍客户关系）以完成我们在市场、竞争等方面的目标。例如，企业的目标是在明年取得 A 产品在广东市场 40% 的市场份额，那组织客户关系至少要达到伙伴级、关键客户关系至少要有 2 ～ 3 个 CXO 支持我们并排他、3 ～ 4 个关键客户支持我们不排他……普遍客户关系要达到中等以上。然后，规划工作就是要研究如何达到这个最低要求。

之所以能对客户关系目标进行精准设置、对客户关系来进行全面系统的规划，是因为销售团队长期对客户进行了深入细致的分析并形成了系统、严谨的业务分析方法。这个分析方法在两个文件中得到了完整地呈现，一个称为客户企业档案，另一个称为供应商档案，因为内容比较复杂，后面的客户企业档案环节再给大家进行系统性的说明。先简单强调一下客户关系目标设置与行动规划中容易忽视的部分，就是分析竞争对手。客户关系是业务成功的辅助能力，主要作用是帮助企业建立差异化的竞争优势。这个差异化能力应该怎么建立，取决于怎么分析与管理竞争对手。

在设定客户关系目标的过程中，围绕着目标客户的竞争对手，必须明确 6 个问题：

1. 竞争对手的市场战略定位及目标

需要明确的是，竞争对手的主战场在哪里？如果现在维护的客户是竞争对手的战略客户，那就意味着很难与其建立关系。华为早年的市场策略是农村包围城市，即采用差异化的市场发展策略，到竞争对手力量薄弱的地方去开拓市场，用时间换空间。

2. 竞争对手的市场发展策略

市场拓展和打仗是一个道理，不会一上来就决战，而是会有一个火力侦察、互相试探的过程来探探对方的实力和作战意愿。在优势市场，竞争对手往往会袭扰，比如，发动价格战、设置合同或者交付的陷阱，这时了解对方的市场策略，比如对方的商务策略、解决方案策略、交付策略、客户关系策略等便于防守或者反击。

3. 竞争对手的客户关系提升策略

比如在组织客户关系、关键客户关系、普遍客户关系中，竞争对手重点提升高层客户关系，高举高打。华为在海外拓展中遇到过其他公司的阻击，该公司利用自己的行业地位、品牌优势以及与合作伙伴的高层关系，强迫客户站队。代理华为产品就不能再代理该公司产品，该公司对高价值合作伙伴构建的合作壁垒，让华为非常头疼。

4. 竞争对手的主要客户关系拓展手段以及如何实现差异化

如果竞争对手的组织客户关系口碑很好，展会、高层峰会看起来很高端，那可不可以学习？在学习的基础上能不能超越？比如把公司参观和样板点参观做好，再想办法强化普遍客户关系。

5. 竞争对手的主要支撑点、关系水平和存在的问题

比如如果能了解到竞争对手与某客户存在的过节，就很容易把他争取过来。

6. 竞争对手在客户侧的资源配置情况及人员分工

竞争对手在客户侧配置了几个人？各自维护的关系是什么人？这些人的性格和能力怎么样？了解到这些，才便于进行合理的资源配置。

客户关系规划的执行与监控

在客户关系规划的执行与监控过程中，我们要重点关注以下 5 个部分：

1. 关注客户侧的资源配置

兵法教给大家的是如何以强胜弱，而不是以弱胜强，市场拓展也是如此，不能有投机的心态，首先需要解决资源的配置问题，公司优势是总体占优还是局部占优？是数量上的优势还是能力上的优势？想不投入就完成目标，那只能是美好的愿望。华为有自己的资源配置指导原则，对于成熟客户，一般采用的是将薪酬包和人均效率相结合的策略，以兼顾竞争强度。比如要求这个客户的人均销售贡献是 300 万元，那就是这个客户的营收每增加 300 万元，就可以再配置一个专人。对于新拓展的客户，可以使用战略补贴，也就是先把钱花了，再慢慢赚回来，按照投资周期核算。总体来说，就是至少要在客户侧制造局部的资源优势，把客户关系开展起来。

2. 明确每个人的责任分工

这个分工是应用于业绩考核的，这样才能形成管理压力。我们第一步明确了资源的配置，这一步就是要明确如何使用资源：怎样才能将现有资源的使用效果最大化？按照数量、能力、性格特点排序后，主管应明确工作要求，确定关键客户与员工的对应关系，以及大家在工作中如何协同配合。

3. 评估执行效果

主要是对两种活动进行评估，一种是人际关系的公关拓展，主要是由直接主管与员工一起评估执行效果，并进行纠偏。还有一类是大型的品牌活动，比如公司参观、样板点参观、高层拜访等，这些活动在流程中有明确的动作要求，必须输出活动总结、遗留问题，闭环后流程才能够关闭，从而保证企业可以有效地评估活动效果。

4. 例行监控规划活动

这一点我们从以下 3 个方面展开。

从流程层面讲，客户关系流程是销售流程的辅助流程，流程本身比较简单。我们可以将这个流程的主要目的理解为赋能，即教会销售团队最好的拓展客户关系的方式，所以从管控上看，管控程度比较弱。流程要求的规划完成后，员工每季度会做工作的自检，看看工作的进度和质量能不能支撑市场目标的达成；半年度，主管要辅导员工进行一次纠偏；每年度进行客户关系的评价与考核。

从销售平台层面讲，销售管理部会把客户关系规划中各个团队的大型组织活动，如展会、论坛、样板点参观等纳入每周的销售例会跟踪议程中，保障这些大型组织活动过程与结果的质量。

从客户团队层面讲，管理程度取决于团队员工的客户关系能力。这几年，华为在市场系统中对新老员工进行了大规模的结构调整，很多经验丰富的老客户经理退休了，新接任的客户经理拓展能力不足，公司要求客户团队每周开客户关系检查与分析会，以提升这些新员工的客户关系拓展水平。简单理解就是，如果团队员工能力弱，就要管严、管细；员工能力强，就可以管得松一些，减少管理成本。

5. 修订客户关系目标

每半年，客户关系目标在半年度总结时可以集中修订调整一次，因为客户关系的主要作用是辅助企业达成市场目标，年初的市场目标可能制定得不准，所以企业会在半年度做一次调整纠偏，给有余力的客户或区域再加一些任务，另外也给一些奖励。这在营销流程的市场目标规划和调整中有完整的流程支撑，相对应的客户关系目标也会随之调整，包括人力、财力、物力预算方面的调整。其他企业制定市场目标的能力可能比华为弱，调整市场目标的频次也会多一些，比如每个季度做一次调整，那么客户关系的目标也得改为季度调整，两者相辅相成。

整个规划过程的核心是要考虑规划活动的相关性，要点、线、面兼顾，不能孤立地理解某一次活动，要考虑活动与业务目标与业务过程的相关性、匹配性，以及活动与活动之间如何能形成叠加效果。

- **点：** 针对客户相关业务部门个别客户的营销活动策划。如公司考察、样板点参观、展览会、休假旅游等。

- **线**：针对客户单项业务线的营销活动策划。如专项考察、业务交流、策划和组织样板点参观、现场会、部门联谊活动等。

- **面**：面向客户整体的大型营销活动策划。如服务年会、技术竞赛、培训、体育活动、大型聚会、传统文化活动、本地特色活动等。

以上就是客户关系规划的大致过程，整个过程的目的可以总结为 8 个字：人无我有、人有我优。通过对客户资源的有序管理，帮助组织实现业务目标。

普遍客户关系规划

普遍客户关系规划的价值

普遍客户关系管理的核心是与客户接触界面的组织或个人都具有改善客户关系的责任，也就是实行全员营销。要求所有在日常工作中与客户有接触的岗位，都要天然地承接改善其与对接的客户关系的责任。比如华为很关注经营中的现金流管理，在代表处设有回款经理的岗位，这个岗位对接客户的财务部门，所以他就要承担起建设和改善客户财务部门的客户关系的责任。除了管理回款工作，他还可以帮助一线的业务团队了解客户预算的准备情况、使用情况等，成为我们获取客户情报的一个很重要的窗口。同样，如果回款经理的工作遇到了障碍，比如流程停在客户的某个领导那里无法推进，他也可以向业务团队的领导求助，借助业务团队的高层客户关系资源使问题得到解决。这样就形成了"人人为我，我为人人"的良性工作状态，发挥了组织协同的价值。普遍客户关系的构建是经常被竞争对手忽视的工作，它容易建立竞争差异，并且至少可以为企业带来以下 4 个方面的收益。

1. 帮助企业构建信息收集渠道

对于关键部门或者关键岗位要有更多获取信息的能力，以便交叉验证信息的真伪，指导我们及时采取正确的行动；注意对信息源的例行维护，保障及时、主动、有效地获取信息；还可以获取客户的关键信息，比如组织变动、关键人的性格特点、个人喜好等；也可以了解竞争对手的一些动向等。帮助企业了解客户和对手的情况。

2. 帮助企业在项目运作当中技术评标领先其他企业

为了做到这一点，应不断建立和强化控制和引导项目过程的能力。比如开展品牌营销活动，进行价值传递；或者为对手设置进入的壁垒，引导客户进行产品或方案的比拼测试。可以在客户关系的支撑下合理地建立和利用规则。比如轨道交通行业曾经有过这样一个案例：

安防行业中的龙头企业想进入轨道交通行业，但是遇到了先进入市场的供应商的阻击，在对一次大项目进行投标时，标书中有一个准入条款，要求企业拥有现网应用才能参与投标。这个条款的存在是合规合法且合理的，它符合客户的利益，因为轨道交通与人身安全相关，没有现网应用的方案可能会存在安全风险。原有竞争对手就是发现了进攻者的这个弱点，引导客户设置准入障碍。这个案例还有后续的小插曲，进攻者吃了这个闷亏后，集中公司的优势资源，在某一个市场突破了这个区域的轨道交通项目，取得现网应有资格以后，又转回这个区域，与原有供应商角逐轨道交通项目二期，心想这次总可以和对方一较高下了。但是当这个区域的轨道交通项目二期发标，进攻者拿到标书后发现，标书中的投标资格要求发生了细微的变化，变成了要有两个以上的现网应用才允许参与投标。这个要求仍然是合理的，因为如果只有一个应用，可能技术还不够成熟。最终进攻者仍然铩羽而归。通过这个案例可以发现，在客户关系的支撑下，先进入者更容易掌握市场的主动权。

3. 品牌与忠诚度的提升

首先，改善客户组织层面的合作满意度，也就是让客户与企业合作的部门都觉得这家企业好。比如，那一次我在某省负责落地一个项目，当时情况很不利，必须要在客户决策层的信心动摇之前把网络建好。员工们每天加班加点，勘察、建站很辛苦。但是在华为，交付部门并没有客户应酬费用，每次午休时，交付员工和客户的施工人员分别去买盒饭，我感觉这样不好。于是，我和交付团队的主管商量，他每个月可以拿 2000 元发票给我，我帮他报销，计入项目费用。以后中午吃饭时，交付员工请客户的施工人员一起吃饭，当地的物价很便宜，大家都吃得很好，双方的合作更顺畅，工程的进度和质量都很好。

其次，引入新供应商的意愿。这可以分两个方面来看，对于还没有突破的新客户，可以从普遍客户关系开始渗透，进行试探性沟通，慢慢突破新客户。对于根据地和粮仓，要通过普遍客户关系构建进入壁垒和信息收集渠道，以及时发现竞争对手的活动并进行防守和反击。即使被竞争对手突破了进入壁垒，仍然可以通过普遍客户关系层层阻击对手，增加对手的项目运作成本，打压他的获利能力，最好能让对手知难而退，从而守住阵地。

最后，事故风险管控。需要普遍客户关系管理风险扩散，不能任由事态发展。比如产品和服务出现问题，要控制问题传递的层级与范围，尽可能地减小影响。对于重大事故，即使不得不报，客户基层人员的第一个电话打给谁，也会对事情的结果产生不同的影响。如果先打给我们，就能争取宝贵的时间来应对和处理问题。

4. 交付成功与改善盈利

在整个项目的生命周期中，要与客户的诸多部门打交道。项目的顺利交付、验收和回款离不开客户的配合。众所周知，资金的占用是很多企业的老大难问题，如果能够提升回款的效率，就可以在不增加合同金额的情况下，提升合同的盈利能力，这也是企业业务改进的方向之一。比如华为是卖通信设备的公司，其很大一部分业务是无线产品，包括基站、交换机。按照客户常规的工作方式，就是买设备、安装调试、验收，然后再给厂家回款。最早是整个合同验收，也就是客户买了1万个基站，全部安装、调试、验收完成后，再给厂家回款。但是这种回款方式需要的时间很长，资金占用量太大。想象一下，客户要安装完1万个基站，然后再验收回款，这得花多长时间？特别是如果这1万台设备里面有几台由于种种原因验收不了，那整个合同款就都收不回来，这种方式对厂家是不利的。所以华为想推出一种新的合作模式，叫按站点发货、按站点验收、按站点回款，也就是理论上可以做到按照每个基站进行发货、验收和回款，这会极大地提升回款的效率。任总做了一个形象的比喻，就像是盖房子，当把地基打下去，就要把地基钱先收回来；当把柱子立起来，就把柱子的钱收回来；当房子全都盖好，再把尾款收回来。这种模式叫作按场景收费，这对厂家有利，因为它提升了厂家的回款效率，避免资金被长期占用，但是它改变了客户传统的回款观念，包括客户部门的工作方式，比如客户需要配合按照每个基站验收。如果没有各个客户部门的配合，这种新的业务模式就可能无法被客户接受。

普遍客户关系规划的要点

在规划普遍客户关系时，要注意以下两点：

1. 覆盖面要广，要覆盖所有与客户接触的部门

客户的组织中有技术部、采购部、财务部、供应链、工程部等诸多部门，前文提到的普遍客户关系能够为企业带来4个方面的价值，无论是要获取信息，还是希望客户帮忙解决一些具体问题，都需要找客户中负责这些事情的部门去对接。甚至连前台、门卫这些基础岗位也要覆盖到，不要轻视这些岗位的人，他们属于在组织中地位不高，但是消息灵通、渴望关爱的人群。与这些人构建客户关系的成本很低，但是作用却很大，可以偶尔请他们吃吃饭，或者利用出差的机会，带一些新颖的小礼物。基层工作者往往更为无私，这些基层关系能够回报企业的，会远远大于我们的投入。比如在项目运作的关键期，企业非常希望了解客户关键决策者的行踪，这些人就可以帮我们做到这件事。我举个亲身经历过的例子，2004年，我在某省运作项目时，有一天接到了客户前台的电话，说他们的总经理从省里出差回来了，问我要不要来拜访一下？我当然要去了。当我到达客户那里以后，前台又告诉我另外一个信息，我们的竞争对手刚才来过了，有了这个信息，我就知道在接下来的拜访中应该如何去和客户谈，应该注意哪些事。在普遍客户关系覆盖中有一个通俗的说法，对于关键客户，普遍客户关系向上要覆盖到领导的秘书，向下

要覆盖到领导的司机，这样的客户关系才能够做深、做细、做透。

2. 要发掘与培养明日之星

普遍客户关系管理中有一种管理方法，叫作"烧冷灶"。企业在客户的各个部门中寻找高潜质人才，比如某位员工学历很高，另外一位员工的专业能力很强，还有一位员工情商很高、人缘很好等，把他们识别出来，指定专人负责建立和维护与他们的关系，帮助他们成长。明日之星的培养需要我们广结善缘、多交朋友，种善因，结善果。虽然需要的时间比较长，但是可以帮企业解决客户关系青黄不接的问题，避免某一关键节点的客户出现变动时，给企业的工作带来极大的冲击。

关键客户关系规划

关键客户关系规划的价值

关键客户关系的价值从大的方面来看可以帮助公司实现战略意图，从小的方面来看可以帮助项目取得成功，它是企业奠定市场格局的关键。关键客户关系规划的重点是必须考虑业务的相关性，也就是判断究竟谁才是企业的关键客户？比如你们公司和苹果公司有业务合作，那是不是要和苹果公司总裁建立客户关系？能建立的话当然好，但是绝大部分企业无法与总裁建立关系，连见他一面都难，而且也没必要如此，因为"小庙不需要请大神"。因此，关键客户关系的发展必须结合企业自身的规模、行业地位、买卖双方的话语权、投入产出比以及公司的战略布局。华为早年实行的是边缘市场渗透、农村包围城市的战略思路，所以当时的关键客户主要集中在村镇县这个层面。随着公司规模逐渐扩大、产品具备一定的差异化优势后，客户关系才上升到省公司和集团层面。建立关键客户关系可以从以下 4 个方面长期为企业带来价值。

1. 支持关键项目

这是最直接的价值。建立关键客户永远采用决策人优先原则，前面讲的普遍客户关系的作用是助攻，而关键客户的作用是主攻。所有客户对企业的帮助都是有限帮助，客户不会倾其所有支持你，所以一旦成功与客户决策人构建关系，企业在客户的组织架构里就有了战略高地，也就掌握了市场的主动权。通过对关键项目的控制，企业可以实现以下4个目标。

第一，管理市场格局。企业必须要理解，无论和客户的关系有多好，客户都不会把合同只给一家，因为那样做风险很大，而且可能会影响客户的议价权。但是企业有了关键客户的支撑，就可以尽量扩大合同的占比，同时把不得不放的合同交给那些对自己威胁不大的公司。试想一下，如果客户把一半的合同给了你，但是把另外一半给了主要竞争对手，那么你会有何感想？肯定是如坐针毡呀！

第二，管理产品格局。如果客户购买力比较强，有解决方案的采购需求，其中不同产品的市场空间、发展潜力、利润水平也不同。比如，客户每年都要采购电子元件，但是高端电子元件的需求量和利润是低端的两倍，作为供应商，肯定更希望获取高端产品的供应权。客户每年给我们和竞争对手各1000万元的订单，外人看起来客户是分蛋糕了，大家都有，但是他们可能看不到，同样的规模，我们的盈利能力是竞争对手的两倍。华为把这种代表行业发展趋势和公司未来增长点的高价值产品定义为战略产品，并通过关键客户的支撑实现产品的市场布局。

第三，管理区域格局。不同区域由于产业布局、经济发展潜力不同，对各产品的购买力也各有差异。对于集团类客户，我们可以通过关键客户抢占价值区域。比如华为所在的通信行业，运营商会采取集团统一谈判、各省分签落地项目的操作模式，项目每年分到哪几个省，可能会决定各个厂家今年有多少利润。

第四，提升项目的质量。比如提升大项目的成功率、提升项目的商务水平、改善不合理条款、保障项目交付顺畅、提升回款效率，端到端地提升项目的盈利能力。

2. 打击竞争对手

未来各个行业的竞争状态都会日趋激烈，企业需要具备识别和管理竞争对手的能力，而做好关键客户关系的布局，有助于对竞争对手发起有力的攻击。

首先，从大的方面，可以做到影响市场。对于高价值客户，应构建竞争对手进入的壁垒。可以让一些实力不强的小厂家进入，形成稳定的市场格局，但是要坚决地阻击威胁较大的企业，它们一旦进入，就有可能慢慢地把我们挤出去。

其次，从小的方面，可以做到封闭项目。即使没有成功阻击竞争对手，也不能放弃，而要转入阵地战，在每个关键项目上都与他竞争，设置项目壁垒，在重大项目中屏蔽竞争对手。

最后，竞争对手边缘化。尽可能挤压竞争对手的市场空间，争取区域边缘化，也就是把没有业务发展潜力的区域让给对手；或者产品边缘化，把竞争激烈、产品价值低的订单让给对手。要想实现上述的竞争意图，在关键客户关系的支撑点上，就必须要有排他性支持我们的客户。

3. 确立关键战略伙伴关系

客户关系不是欺诈之术，长期稳定的客户关系的核心是成就客户的梦想。客户的未来因为有了我们而变得更美好。好的客户关系是要与客户构建互信的平台，它的最高境界是与客户结为长期战略合作伙伴。实质性战略合作伙伴关系的确立与履行，需要企业与企业之间、高管与高管之间志同道合、共同成长、互相成就。华为非常看重与战略合作伙伴之间的战略协同，也推动过很多次成功的联合创新，比如华为无线产品中非常成功的 SingleRAN 解决方案，就是与欧洲客户沃达丰公司共同完成的。想要确立战略型伙伴关系，我们不仅要有合作协议，更要有实际行动，这与很多企业热衷于到处签合作协议，但是没有实质行动是不同的。

4. 交叉立体支撑客户关系网络

关键客户关系既需要时间来构建互信关系，也需要合作来巩固信任。所以在关键客户的构建上要有一定的富余，这有两个方面的含义，一方面是对某一个具体的关键角色，采用主备两点共同对接，互为备份，我们把它叫作 AB 角（见图 3-1）。这种备份机制也是一种监督和制约，避免某个人与客户绑定过深，对公司产生威胁，或者某个人离开以后关键客户无法对接；另一方面要平衡现在与未来，要为了未来的合作机会预埋客户关系，不能"平时不烧香，急时抱佛脚"。

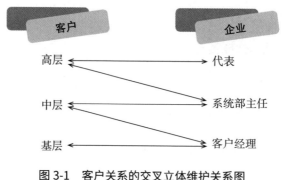

图 3-1 客户关系的交叉立体维护关系图

关键客户关系规划的要点

在规划关键客户关系时，企业要注意以下两点：

1. 选择客户接触场景

企业都希望销售团队在公关方式上深入思考、持续创新，不断给客户带来惊喜，避免客户出现审美疲劳。华为每年都会对公关活动进行创新，特别是对大型品牌活动。其不但以多样化、高标准在行业中持续领先，而且活动质量很高，感官上给客户的冲击很强烈。比如早年的"市场拓展三板斧"（公司参观、展会论坛、样板点参观），后续扩展为五大关键行为（在早期的三板斧基础上又新增了专题交流、高层拜访），直到最后的 12+1，这个 1 是指 Other，比如技术交流等，多多益善（见图 3-2）。

华为高质量品牌活动的开展，给客户关系特别是关键客户的拓展带来了极大的便利，帮助公司将品牌形象提升到了一个新的高度。在 1998 年以前，华为在海外市场上卖不出什么东西。华为莫斯科市场换了四任总裁，第四任总裁是李杰，签了第一份合同——38 美元，这就是华为在莫斯科市场的起步。

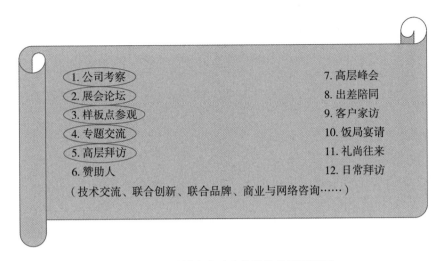

1. 公司考察	7. 高层峰会
2. 展会论坛	8. 出差陪同
3. 样板点参观	9. 客户家访
4. 专题交流	10. 饭局宴请
5. 高层拜访	11. 礼尚往来
6. 赞助人	12. 日常拜访
（技术交流、联合创新、联合品牌、商业与网络咨询……）	

图 3-2　与关键客户建立连接的典型场景图

当时负责整个市场部是孙亚芳，她看国际市场很难打开，就定了一个原则：让海外所有代表处邀请决策层，邀请不到决策层就邀请管理层，邀请不到管理层就邀请操作层，邀请不到操作层就邀请他们的合作伙伴到我国香港地区参观展览会，并趁机来看看公司。那时候管理还没有现在这么规范，接电话的话务员都累瘫了。那时交通工具不好，过海关也不方便，各种层面的客户都邀请。华为那时还是小公司，可孙总仍旧花了上亿元来接待客户，通过这样的努力国际上终于就知道华为公司，也开始买华为的产品了。

　　华为的接待平台起步很低，但是在持续改善，时至今日，已经能够形成公共关系、接待系统、行政系统、内服体系、基建、各代表处联动的接待体系。接待系统被称为客户工程部，也就是说华为能够把客户接待活动当作一个工程来管理。从接待水平上，国内公司能够与华为比肩的，应该是没有。

公司投入这么多资源和精力构建的平台资源，当然希望各个市场团队能够充分利用。

在诸多的客户接触场景中，有一个场景对于一线团队特别重要，需要重点关注，就是客户的日常拜访。因为其他接触场景大部分都是公司组织，客户团队参与，但是客户的日常拜访由客户团队主导，这种接触在与客户接触活动中的占比在90%以上，总不能每天带着客户去参加展会吧？那么对于日常拜访，在规划中应该检查什么呢？要明确办公室拜访与私人拜访的比例，牵引员工与客户多做私人的接触与交流。曾经有位客户经理刚到一线，他问他的领导："我怎么才能知道自己的工作是卓有成效的呢？"他的领导告诉他："如果有一天，你能告诉我客户家里有几只老鼠，那就证明你的工作卓有成效了。"员工没太听懂，默默地走开了。终于有一天，这个员工跑过来告诉他的主管："领导，我知道客户家里有几只老鼠了，这个星期客户请我去他家里做客了。"

很多人会对日常拜访中办公室拜访和私人拜访的比例要求产生困惑，因为这个在平时的工作中没办法监控，员工说去了客户家里，但是他是不是真地去了无从考证。其实并不需要考证，管理首要的价值是赋能，而不是控制，因为控制会造成冲突和对抗。希望通过管理要求让员工了解实现卓越绩效的最佳方式。办公室是一个很特殊的场所，如果你和客户的接触停留在办公室接触的层面，那么你们之间的信任关系一定还没有建立起来。而如果你能够走进客户的生活圈子，特别是家庭圈子，那么你和客户的信任关系就非同一般了。

2. 客户关系活动需要有明确具体的支撑项目

2012 年之前，这并不是一个强制性要求，公司每年都要规划大量的品牌活动，各个区域都要参与，但是客户关系活动与项目间存在一定程度的脱节，连接比较弱。参加展会的目的是什么？效果怎么样？各个区域的理解与回答不一样，这样造成了比较大的浪费，员工带着客户去凑热闹，什么实际的效果也没有。但是 CRM 变革全面推行时，企业通过推行流程，可以提出更加明确的管理要求，比如对于市场活动，为什么花这个钱要提前想清楚，要有目的地花钱。对于大型活动或品牌活动的选择，要求客户团队检查三项内容：

（1）希望通过这个品牌活动支撑哪个项目的拓展？一般情况下，华为要求各个区域的客户团队在每年的年底之前，把所负责客户明年的机会点都梳理出来，形成机会点清单，这个清单主要是基于客户的预算以及公司战略布局的要求制订，它也支撑年度目标的制订。对于机会点清单中的大项目机会，要求员工必须做客户品牌活动的规划，以推动和促进大项目的成熟。区域团队首先是从公司大型的品牌活动规划中挑选合适的活动，并将其纳入自己客户群的组织客户关系规划中。如果公司的品牌活动不足以支撑区域对品牌活动的要求，各个地区部的品牌部也可以筹划区域层面的品牌活动，比如建立一个区域业务样板点或者样板客户。

（2）检查品牌活动的举办时间与项目进度是否匹配？这主要是为了防止有些团队在工作上敷衍公司，没有经过深入思考乱选活动，浪费公司资源。比如 A 团队选了一个品牌活动是参加当年 4 月的巴塞罗那展，但是需要品牌支撑的项目，3 月就会出结果了，那么筹划 4 月的参观显然就没办法支撑这个项目的拓展，需要思考其他的活动来支撑。

（3）大概会投入多少预算？这要求各个团队在规划活动选择时，初步评估活动的预算，比如会邀请几位客户？去几天？初步费用预计是多少？所有团队的数据汇总有助于管理和平衡营销预算，提升营销费用的有效性。

关键客户关系规划的五个步骤

关键客户关系拓展是一个识别关键客户、确定责任人、制订、执行和监控拓展计划的循环过程。每年年初，公司下发客户关系规划任务的启动要求以后，各个客户团队的主管要带领员工共同完成本团队负责客户的关系拓展规划。这里以关键客户的规划过程为例（见图3-3），帮助大家了解规划的工具、方法以及关注要点。

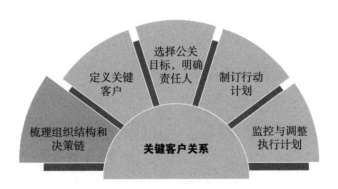

图 3-3　关键客户关系规划过程图

梳理客户的组织架构和决策链

了解客户公司的组织架构是最重要的事，它是开展客户关系规划的基础。这需要主管和员工坐在一起，共享各自掌握的信息，以此绘制客户的组织架构图（见图3-4）。在绘制过程中，企业可能会发现信息不充分或者不确定，这又需要通过情报收集工作验证信息。企业客户的采购的决策模式很复杂，客户的各个部门存在业务的相关性和权力的相关性，梳理客户的组织架构可以帮助我们理解客户的业务运作模式，发现组织之间的关系，从而统筹安排客户的公关布局，把客户管理由点向客户关系网络延伸，充分发挥客户侧的关系协同效应，最终实现1+1 > 2的效果。试想一下，如果没有深入思考、统筹管理客户关系的布局，客户关系的支撑者在客户的组织中很分散，这些人的业务关联性很弱，那么就没办法统一调动这些资源。如果每个节点的客户只能在自己的业务和职权范围内给予有限的帮助，客户关系的价值就会大打折扣。

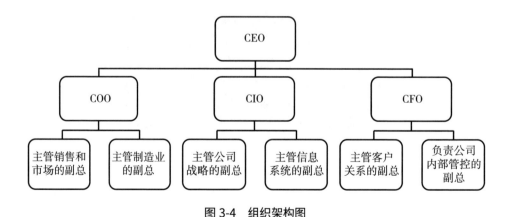

图 3-4　组织架构图

仅仅梳理客户的组织架构还不够，想分析和发现客户之间的业务协同关系，需再深入一步，分析客户的决策链。分析决策链的核心，是搞清楚客户在不同业务场景中的决策流程和决策方式。这样才能研究如何管理决策链，因为公关的目的就是影响客户的决策。以常见的项目评标为例，表面看是评标小组在操作，评标组长应该有很大的权力。但其实不是这样，评标组长要听谁的？听 CTO 或 CFO 的意见。CTO 或 CFO 又要听 CEO 的意见。但也并不总是这样，一定情况下，CEO 会受到董事会的影响，还会受到相关部门、评标监管小组的影响，还会受到亲属、朋友的影响。这些间接影响 CEO 做决策的人，称为隐性决策链。在客户关系拓展中，应该关注和把握好隐性客户决策链。

定义关键客户

实际上，决策链是公司的管理流程，因为受公司内部的管理文化的影响，一般领导的级别越高，他在决策链中的决策权越大，起的作用也越大。决策链在不同类型的公司中会有所差异，比如民企、国企、外企、上市公司的决策模式可能并不一样。所有制不同，决策模式不同；股本构成不同，决策模式也不同，某股东占 90% 的股份，它的决策模式与由三方均分股份的公司的决策模式不一样；集团客户的决策模式与业务规模小的客户决策模式不一样；100 万美元的项目与 1 亿美元的项目，决策模式也不一样；试验局 [⊖] 的相关合

⊖ 试验局：是指对于不能在实验室进行的测试和验证工作，可以选择典型的应用场景，模仿用户在实际使用环境中进行测试的活动。

同与商业合同的决策模式也不一样。另外还有其他因素，比如领导风格、高层客户、对手的引导、决策习惯等，对于关键客户的定义与选择，必须结合业务场景和客户决策过程对决策链进行梳理，这样才能够精准定位公关对象。可以沿着客户的决策流程去梳理流程节点上的角色的职责与权力，以此发现关键人（见图3-5）。

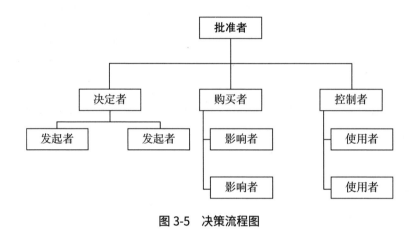

图 3-5　决策流程图

- 发起者：提出与要求购买产品和服务的客户，内部或外部的客户皆可。

- 使用者：将在内部使用产品和服务的客户，在许多场合，使用者首先提出购买建议，并协助其他人确定设备规格，所以使用者也可以是发起者。

- 影响者：指影响购买决策的客户（也包含隐性决策链），他们常协助其他人确定设备规格，并提供方案评价的情报信息。影响者中，技术人员尤为重要。

- 决定者：一些有权决定产品要求和设备厂商的客户。

- 批准者：有权批准或实施决定者或购买者所提方案的客户。

- 购买者：有权正式选择供应商并制定购买条件的客户，比如购买者可以帮助制订产品规格，但其主要任务是选择厂家和交易谈判。在较复杂的购买过程中，购买者也包括高层管理人员，他们有可能一起参加交易谈判。

- 控制者：有权阻止销售人员与客户内部成员接触的人。比如，代理、接待员和电话接线员可以阻止销售人员与客户和决策者接触。

不同组织节点上的客户掌握着不同的权力，不同的角色在决策中起的作用也不同，要有针对性地做工作。另外要关注一点的是，不同的人在同一件事情上会持不同的态度，每个角色会基于自身的利益影响决策。这个利益可能是个人利益，也可能是角色所在部门的利益。华为用数字把态度量化为关键客户关系评估标准的 7 个档位，比如 –3 项是强烈反对者，+3 项是排他性支持。华为通过客户在关键事件中的表现，把客户的态度数字化，这样便于管理。公关的目的是要了解关键人的利益诉求，建立自己的影响圈，与客户形成利益同盟，在成就客户的同时完成任务。

选择公关目标，明确责任人

梳理客户组织架构和决策链，最终可以帮助企业输出关键客户清单，这份清单将作为下一步公关目标的选择依据。企业作为商业机构，资源是有限的；个人作为生物体，精力是有限的。没有任何一个公司可以把客户组织中的每个关键人的关系都建立起来，因为那样做投入产出比太低。那么怎么选择公关目标才是最合适的呢？

- **要结合业务目标。**我们一直强调客户关系规划的起点是输入业务目标，我们在今年究竟希望达成怎样的业务目标？客户关系的布局要结合业务规划循序渐进，但是客户关系的规划相对于业务规划，要有一定的提前量，要考虑到公司战略规划对于客户关系的诉求，比如新业务的导入对于客户关系的诉求是要有提前半年到一年的客户关系工作作为铺垫的。

- **要结合客户在组织中的作用以及态度。**应该考虑选择客户组织中的哪个部门作为突破口？这个部门在客户组织中的位置和价值是什么？选择这个部门的哪个人作为公关对象？能不能突破这个部门决策人的关系？与公关对象的客户关系的基础怎么样？

- **要结合竞争对手的客户关系情况。**客户关系中想构建相对竞争优势，必须要清楚了解竞争对手在客户关系中的支撑点在哪个部门的哪个位置。客户关系规划的原则是，在支撑客户关系的层级上，与竞争对手相比不能有明显的劣势。企业选择的公关对象，必须能够对竞争对手的客户关系产生压制作用或有制约能力，比如竞争对手的支撑者是客户的 CEO，企业就需要从董事会层面去挑选支撑者。如果做不到怎么办？那可能就要修改业务目标了，因为当前的客户关系基础支撑不了现在的目标；如果硬来，就只会徒耗资源。应该把业务目标改到不让竞争对手警觉或者看不到的地方去，慢慢地布局，以积攒力量。

- **要结合能投入的资源。**客户关系的拓展需要时间周期，一般以半年或一年作为一个管理周期。公关目标的选择要结合在这个周期中可调配的资源综合考虑。比如，公司资源投入比较多的客户，甚至老板都能直接冲到一线，那么公关的层级、公关效果可能会更为显著，所以在行动之前，必须先盘点可用资源，包括客户界面的资源与公司平台可以提供的资源。

选择完公关对象以后，要安排客户关系拓展的责任人，这个拓展任务会写到责任人的个人 KPI 里以形成管理压力。责任人的选取重点在于他的能力与公关对象是否初步匹配，任职资格是其中的一个参考项。比如拓展一般的客户，会安排 14 级的客户经理，但是在拓展欧洲大客户的时候，客户经理需要 18 级以上。这种层级在一般的地方算主管层级，但是面对大客户，只能算普通的客户经理。因为大客户的职业化水平很高，一般的人去根本服务不好，所以资源投放必须审慎，否则会白白付出很多时间成本和机会成本。

制订行动计划

一般来讲，企业围绕关键人士的客户关系行动计划沿着信息流、决策链、公关路线的选择展开（见图 3-6）。

- **信息流。**这是公关活动开展的基础，通过信息流，企业可以了解采购信息、公司派系、企业文化、公关对象，可以验证支持者等。对于重要的公关对象，我们要求至少有两个持续稳定的信息获取渠道，以便企业进行信息的交叉验证。

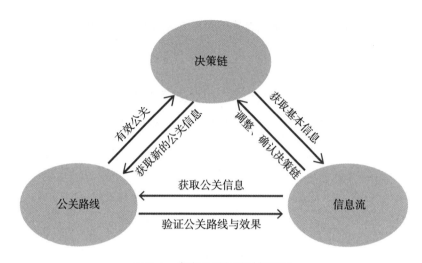

图 3-6　客户关系行动计划流程

- **决策链**。不管和客户建立联系还是获取项目，无论大项目还是小项目，很重要的一步就是找出项目决策链，简而言之，就是画出项目销售的流程图，同时标出每个流程节点相关的执行人员或负责人员。

- **公关路线**。它是指按照客户的决策流程，由合适的人在合适的时间，对流程节点上对应的人进行公关。对决策链上的人都要尝试建立联系，让支持者发挥作用，让反对者保持中立，让中立者支持我们。

简单理解，关键客户的公关过程就是找到目标、建立连接、进行公关这 3 个步骤，客户公关的方式和方法将在后面的接触环节进行讲解。下面，先花一点儿时间来讲一下如何与目标客户建立连接。

假设未来要参与一次投标，但是企业中没人认识评标委员会的 4 名成员，那是不是就没有办法了呢？其实不是的，企业可以尝试着与这 4 个人建立连接，可以思考几个方面。

第一，了解目标对象所属的部门以及这个人在部门中的级别。这个部门的职能是什么？目标对象会关心什么？他的上下级分级是谁？有认识的人吗？

第二，了解业务的相关性。这个目标对象所在部门日常工作的对接部门有哪些？在这些对接部门中有没有资源可用？

第三，了解共同利益。目标对象与公司的哪些人有利益连接？组织利益和个人利益都可以。

第四，目标对象与公司的哪些人私人关系很好？

第五，目标对象平时的行为习惯是怎样的？有没有特殊的爱好？比如，目标对象每天早晨6点都会在一个公园跑步或者冬泳等。

第六，地理位置的便利性。比如目标对象住哪里？是不是在一个小区？和客户的孩子有没有在同一个班级……我们要通过这样的思考找到与目标对象建立连接的途径。

作为公关人员，人际连接是基本能力，要做好客户关系网络的建设与维护，形成一种本能般的反应。构建客户关系网络有通用的方法，一般是沿着客户的家庭、同事、朋友、客户的客户、供应商、邻居、学校或教育背景、宗教信仰、俱乐部等圈子尝试寻找资源，建立连接。最好的方法是亲自尝试，由自己熟识的朋友开始，而不是从陌生人中寻找新的朋友。开始时，一项大有裨益的工作是绘制出或者画出所有的联络对象。绘制的方法有如下几种：

- 写一份你认识的人的名单及其职业
- 建立一个联络对象的电子数据库

- 记录你于何时何地遇到了何人的日记

- 绘制一张关系网络图（并保持更新）

最终可能选择上述两三种或是全部的方法，但在早期阶段，上述几种方法中的一种往往最有效、最直观。其中关系网络图可以用最简单的方法绘制（利用矩形或圆圈）。开始时，可以将客户的名字写在纸的中间，用圆圈圈起来，然后在圆圈的四周用同样的方式列出认识的人的名字，并用线条连接，之后再从这些认识的人出发，绘制出包含他们认识的人的圆圈，并用线连接，最终绘制出关系网络图（见图 3-7）。

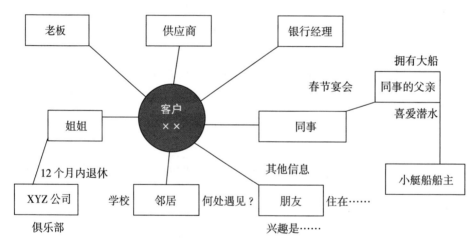

图 3-7 关系网络图

监控与调整执行计划

任务承接人的直接主管对于公关计划的执行监控有管理职责。主管一般采用的方式是周例会或者是周工作计划表，主管与员工沟通任务、检查工作进展与工作质量、对任务或者资源进行调整等。每半年，按照流程的要求，公关计划基于业务目标的变化可能会做一次幅度比较大的调整。

关键客户关系规划的 5 个步骤在客户关系流程之后，由客户规划的子流程驱动团队活动。子流程与客户关系流程的业务逻辑一致，但是两者位于不同的流程层面并行运作，企业通过这种方式把客户关系流程的规则与质量要求层层分解到团队的日常工作中，使其可操作、可管理。

发展客户中的教练与建立组织信任

在市场一线带团队时，常常需要用非常简练的语言让员工理解主管的要求和业务成功的关键要点。早年市场中有一句话非常精炼，但是指出了客户关系拓展的要害。前 3 个字叫"腿要勤"，市场不养懒人，客户关系是跑出来的，要求员工要长期跟客户待在一起，待出感情来。在华为时，任总对一线管理干部的要求也是要面朝客户，屁股对着他，如果在客户那里受了委屈，回来可以向他发火出气。

有一次，任总去一个省检查工作，这个省的代表赶紧去机场接他，结果任总看到这个代表以后很生气，对他说："这个时间你应该在客户那里，为什么来接我？我能给你合同吗？"这个代表灰溜溜地回到代表处，结果看到几个客户经理坐在办公室，他立马就把任总的话奉送给了他们："这个时间你们应该在客户那里，你们待在办公室干吗？"骂跑了这些人。后来，这基本成了一线员工的工作传统，办公时间基本上都待在客户那里，随时等着和客户见面，只有下班以后才能回到办公室处理邮件，做合同和配置，所以市场部门没有明确的上下班时间，加班比较多。

这句话后面还有 3 个字,叫作"找对人"。在一线工作,行为上很勤奋,但如果没有目标、策略,只会做大量无效的工作。人找得精准,可以起到四两拨千斤、事半功倍的效果。这类特殊的客户被称为"教练"。"教练"是在客户那里的领路人,他们可以向我们提供各种关键信息。"教练"是客户组织里的人,有他们做信用背书,企业可以与目标对象快速建立信任关系,信任是合作的基础。"教练"一定是在客户单位有广泛的人际关系、有影响力且愿意帮助你成功的人,这类人物需在客户组织内有一定资历,职位可以不高但位置必须关键,信息灵通,渴望关爱。

企业在资源允许的情况下,应该在客户的低、中、高各个层级中去筛选和发展自己的"教练"。这样,在解决不同问题时,可选择的合作伙伴就比较多,选择"教练"要综合考虑对象的职权、组织影响力、与企业的亲密度等多方面的因素,其中组织影响力是关键因素。

客户关系的最高境界,是成为客户可以信赖的伙伴,帮助客户在事业上取得成功,帮助客户实现自我价值,成为客户的伙伴,考虑与客户的长远合作,互相协助。与个人相比,企业掌握着更加丰富的资源,如果是企业支持个人,可以让这个人在与其他人的竞争中取得竞争优势。企业可以为伙伴做些什么呢?企业可以协助他建立、改善与上层领导的关系;可以帮助他实现他的组织绩效,以便获得更多的晋升机会。

构建了个体之间的初步信任关系后,需要构建组织信任,也就是让客户认同公司的实力——公司不是空壳企业,与我们合作很安全。安全是客户帮助我们的先决条件。常用的构建组织信任的方法有三种,第一种,公司考察,这种形式的优势在于可以比较全面地呈现公司的实力，并且可以调用比较多的高层资源。

第二种，样板点参观，这种形式有特定应用场景，比如数据中心样板点、智慧城市样板点等，开放给有类似项目需求的客户，满足客户希望了解现网应用效果这一类的需求，打消客户的决策顾虑。对于样板点的使用最能发挥效果的做法，是让样板点的客户来与参观的客户交流，客户讲华为一句好，比我们自己讲一万句都有效。华为有完整的流程来支撑样板点的建设与管理，这是一种非常成熟的方法。

第三种，展会与大型营销活动，这也是我们的强项，比如有些公司非常重视每年4月的巴塞罗那通信展，一般提前半年就会开始准备相关事宜，确保品牌活动的质量。

这些方法属于提升组织客户关系的方法，很多公司每年也有大型品牌活动开展，但是他们和华为相比，区别在哪里呢？国内有一家公司，和华为既有业务合作，又有业务竞争。有一次，这家公司负责国内营销的副总裁来华为商讨合作，中午商务就餐时，这个副总裁被一个细节震惊，他发现就餐的餐具上烧制了华为和他们公司的标识。如果是从外人的角度来看，会认为华为太能花钱了，吃个饭还要定制餐具，多浪费呀！但这位副总裁不这么想，一方面他感觉受到了尊重，华为很看重他们公司；另一方面感觉很震惊，因为定制餐具需要时间，华为为了这次会面，提前了多久进行准备？而且在准备中还关注到餐具这么小的细节，华为公司的项目管理能力太强大了。

客户关系进步的标准是什么？是可以从客户的工作圈走进他的生活圈，

发现客户更丰富的一面，从而满足客户多样化、差异化的需求。很多销售把自己客户关系做不好的原因归咎于公司不给资源，没有营销费用。他们的客观原因居多，却很少从主观上去找问题。资源固然很重要，但关键是你有没有用心去想客户真正需要的是什么？送礼的关键是送心意，要投其所好，送别人真正需要的东西。而客户真正需要的，却不一定是很贵重的东西。

中国有句古话叫：雪中送炭。炭虽然不贵重，但是在客户寒冷的时候送，价值就不一样了。

客户关系的拓展手段由低层次到高层次越来越难，消耗的资源也越来越多，希望各企业结合自己公司的实际情况，找到提升客户关系的方向。

关键客户拓展卡片

企业通过客户关系规划流程驱动团队规划客户关系活动，团队主管通过沟通，把任务下达给任务承接人，让承接人帮助他制订拓展计划。在这个过程中会用到一个工具，叫作关键客户拓展卡片。下面来介绍一下这个工具，使用工具的总体原则有16个字：准确识别、资源匹配、目标导向、定期回顾，共分六步来实现。

1. 准确识别目标客户

每年年初，主管与员工共同结合团队年度承接的业务目标梳理决策链。他们通过分析决策链准确定位出决策链上CXO、VP等与实现业务目标相关的关键人物，并将关键人物作为工作任务分解给各员工承接，纳入个人绩效考核。由任务承接者建立客户的个人档案，称为客户个人明信片。这里有一点要注意，选择的客户侧的关键人物，不能是竞争对手的强烈支持者。也就是在华为客户关系评估中处于 −2 项和 −3 项的人，这类客户与我们的竞争对手合作多年，利益关系盘根错节，信任基础稳固，因此很难争取。同时，这些人的顾忌比较多，不会轻易转换立场。

2. 配置高层赞助人

第二步应该是高层客户拓展的独门秘技之一——建立与使用赞助人制度。华为强调全员营销，各级管理者都要贴近客户，而不是躲在后方指手画脚。高层主管要成为一线客户公关的强大后援，各个层级的主管都要参与3个与自己层级相匹配的项目并担任项目的赞助人。研发产品线的总裁也不例外，也要作为本产品线新产品山头项目的赞助人。把可用资源盘点清楚并充分利用。

赞助人制度是要帮助一线员工解决在拓展高层客户时会出现的资源不对等、能力不对等、地位不对等的痼疾，消除客户的心理障碍。让客户觉得自己不是在和企业的销售建立关系，而是在直接和企业的高层对话，销售人员只是代表。

通过赞助人制度，实现了在客户界面梯次配置资源，帮助一线员工改善客户关系，推动问题解决，提升客户感知。赞助人选取原则如下。

- **地位对等**。有些客户对层级很敏感。在东北的时候，曾经有个客户抱怨，说以前任总都背着投影仪来讲过项目，现在他也不来了。

- **业务对口**。比如，由公司产品线总裁、解决方案总裁、MKT的部长对接客户的CTO，效果会比较好，因为这些人有相似的知识背景，有共同语言。客户的技术线人员一般不喜欢和华为的客户经理接触，因为感觉客户经理过于圆滑，没安全感。

- **历史交往**。如果我方的高层与客户的关键人有历史渊源，有信任的基础，那么工作开展起来就会事半功倍。比如两个人是同一个学校的，有师兄弟的关系，或者共事过，等等。

- **解决问题的能力、意愿。**赞助人的工作要事前与相关领导沟通清楚，让他知道自己需要承接的任务且需要对方明确表示愿意做这个赞助人。一般来说，领导去赞助的项目，往往在他工作范围之内，也就是说工作开展得不好，领导的绩效也会受到牵连，所以一般可以协商成功。另外，赞助人的职责也会写入领导的 KPI 中，把职责量化。

3. 建设赞助人与客户关键人的互信渠道

赞助人是公司为一线销售配备的资源，充分利用资源是一线销售人员的工作职责。毕竟赞助人不能全职投入，所以一线销售人员要合理安排赞助人有限的时间，以建立和强化与客户关键人的信任关系。常见的场景有以下几种。

- **公司考察与展会论坛优先安排见面会谈。**很多领导都会参加公司大型品牌活动，一线销售可以借助这个平台顺理成章地把公司的高层领导请来见见客户的关键人。

- **定期互访。**中国有句谚语"三年不上门，是亲也不亲"。客户关系需要通过沟通维持，建立定期互访机制，比如每月会面一次或者两个月会面一次，更有利于在客户心中建立稳定的心理预期，进而形成一种习惯：如果你不见他了，他反而会不舒服。

- **关键时间点的互动（生日、节日等）。**这件事主要由一线销售人员负责，赞助人平时的工作也很忙，他们也记不住这么多事情。在客户重要的时间点，一线销售人员往往会提前一天打电话给赞助人，告诉他明天是客户的生日，麻烦领导明天中午给客户打个电话，问候一下，或借这个由头去拜访一下。问候是基本操作，如果与客户的感情非常好，有些领导还会专程与客户见面，给客户庆祝，但是这要看客户关系是否深厚，如果关系一般，这样做就会很唐突。

- **关键事件的互动（升迁、调动、回馈等）。**为什么客户工作调动我们也要去问候？这一点是华为和很多企业的不同之处。一般的企业，客户关系由员工个人维护，当客户工作调动以后，可能就没办法再帮原来对接这个客户的销售人员了，销售人员也会没有维持与客户连接的动力，关系就断了。但华为不一样，客户关系由公司统一管理，当客户工作变动以后，仍然要求员工维持与客户的连接。客户的工作变动可能有 3 种情况：第一种情况是，他从公司的这个部门调到了另外一个部门，但是还在原来的区域，比如原来从客户规划部门调到采购部门。那企业可以把维护客户的责任由原来的客户经理，转给负责维护采购部门客户关系的员工承接，这样客户仍然可以在其工作范围内为企业提供帮助。第二种情况是，客户由一个区域调到了另外一个区域，比如从广西调到了广东，但仍然在原来的公司。按照属地管理原则，这个客户后续的关系维护会由广东代表处承接，但是广西代表处原来维护这个客户关系的销售人员，要负责帮助广东代表处的销售人员将关系衔接起来，比如广西代表处的客户经理会飞到广东，带着广东的客户经理去拜访客户，把关系衔接上。第三种情况是，客户由 A 公司跳槽到 B 公司，如果 B 公司也是企业的客户，那么就由维护 B 公司关系的客户经理承接原有的关系。这种管理方法可以最大限度地保护企业对客户的投资，使客户关系价值最大化。

4. 目标承诺与行动计划

建立客户关系是有目标的，主管与员工应结合 6 个月的业务目标与客户关系提升目标做类似个人绩效承诺的计划，个人绩效承诺（Personal Business Commitment，PBC）必须具体、可衡量。这是任务，也是企业未来评价员工贡献的依据。比如 6 个月内，通过某客户的支持完成新产品的选型等。为达成这个目标，企业的行动计划应该是坚持每周拜访 3 次、在每隔 3 个月策划邀请客户来公司参观等。

5. 定期回溯

华为客户经理的单独工作能力比较强，所以华为在流程上对于管理动作的要求不是特别的严格，仅要求主管辅导员工回溯过去 3 个月目标承诺的达成情况，对目标进行总结并找出差距。这给一线主管一定的管理自由度，如果员工能力比较强，主管就管得宽松一些；如果员工基础弱，主管可能就需要给他"开小灶"，一切最终以结果说话。

6. 任务承接人作为责任人应定期维护拓展卡片并确保信息安全

客户信息属于比较敏感的公司信息资产，对客户信息的管理主要遵循"业务相关性"与"最小接触"的原则。上级可以看下级的信息，但是同级之间不能互相看。比如系统部部长可以看自己下属的各个客户经理的客户信息，但是系统部部长之间、客户经理之间不能互相看信息，这是一种保护措施。客户经理把自己的客户信息共享给主管，是一种信息的备份方式，一旦某一岗位有人员变动，公司不至于遗失客户信息。

第 4 章

客户接触管理

请大家思考一个问题：企业为什么要接触客户？从微观的角度讲，企业接触客户，是希望客户做出有利于企业的决策；从宏观角度讲，企业接触客户是为了达成企业的商业目标（成为市场、竞争、经营指标的第一名）。销售是一个比较特殊的职业，它主要通过接触客户、构建关系销售产品与服务。日常的人际关系中，如果你讨厌某人，不与他打交道就可以了。可是销售人员不一样，某个关键客户讨厌你、反对你，你还要想办法改善与他的关系。我们常说，销售人员是个演员，本色做人，角色做事，要用别人喜欢的方式实现自己的目的，要有取悦他人的能力。销售人员与客户之间的关系是一种与竞争对手比较的关系，企业需要的是唯一。客户尊重你，但他不一定在项目中支持你，更不用说唯一支持你，所以企业要通过接触客户影响客户的选择。

客户接触是一门艺术

刚到市场一线时，领导问过一个问题："你们觉得客户关系是一门科学还是一门艺术？"当时大家不太理解他的意思，领导就解释了一下："站在管理的角度，客户关系是一门科学，我们要把客户关系数字化，便于管理和评估；但是站在一线实际工作的角度，客户关系更是一门艺术，例如客户接触，就非常讲究艺术。同样派两个人去接触同一个客户，两个人的公关方法很可能是不一样的，但是也许同样有效。"

那应该如何管理员工客户接触这种偏向艺术性的事？我们可以从以下4个方面发挥管理价值。

- **经验萃取**。很多优秀的销售人员、成功的销售人员都是善于学习和总结的人，每个人都可以从自己的成功中总结出行之有效的方法，形成自己特有的"三板斧"。如果企业在销售平台能够汇总每个人的三板斧，那就练就了"十八般武艺"，这会是非常宝贵的知识财富。

- **赋能培训**。我们应该把总结出来的知识财富赋能给更多的人。在早年的国内市场，华为的销售管理部每年会组织两次大型的面向一线的送课行动，这两次活动称为"春雨行动"和"秋雨行动"，培训直接面向一线员工，其中包含了提升客户关系能力的培训。同时，公司又有华为大学和在线学习平台，很多学习材料都是一线的实际案例。可见，华为在知识共享方面巨大的投入。

- **资源提供**。客户关系的拓展离不开资源的投入，但是怎样才能把资源效果最大化，这就要求企业提升对客户接触活动的管理能力。
- **接触场景的流程化、标准化**。前面分享过客户接触的 12+1 个场景，掌握流程化、标准化管理场景的能力也可以提升客户接触的接待效果。曾经有个客户，他们企业的董事长参观华为公司，谈到参观感受，他说第一个感觉是华为太能花钱了，连就餐的餐具都是纯银的。但是第二个感觉是，华为花的每一分钱，都产生了效果。

客户关系管理的艺术性体现在我们对理解、引导和把握双方关系的认识上。在客户关系中，不要以为你帮助对方，对方就一定会回报你，这种假设并不能成立。好的销售对自己公关对象的性格了如指掌。帮助过你的人和你帮助过的人，哪个会更容易再帮你一次？如果你急需帮助，还是去找那个帮助过你的人吧。因为如果一个人能够帮你第一次，就证明他是一个善良且乐于助人的人，往往这样的人很可能会帮助你第二次。而那些你帮助过的人，你无法通过帮助他们了解他们的为人，所以找他们帮忙，获得帮助的概率会小很多。毕竟，你无法判断一个你不了解的人是否知恩图报。

前文提到，在选择好目标对象，指定责任人建立联系之前，要评估任务承接人是否有能力承担这个任务。实际工作中，有经验的主管除了考虑员工的能力，还会评估客户与员工的性格匹配度。很少有能够公关所有类型客户的全能型销售，有些员工更擅长做某种类型的客户，比如针对有技术背景的客户，一般选择有解决方案背景的员工去对接，这样他们交流起来会比较顺畅。

公司也会提供一些提升主管和员工在识人、察言观色方面的能力的培训，比如九型人格、性格色彩分析等课程。但是公司能够提供的资源有限，这方面的能力更依赖员工的自我学习与实践验证。做这些准备，都是为了提升与客户接触时，对客户心理的把握能力。需要通过了解客户的性格，预判客户在某些场景下会有何种反应。

关键客户关系拓展管理

关键客户关系拓展按照客户关系总体提升目标，锁定关键客户、分析关键人需求、开展公关行动的业务逻辑展开（见图 4-1），业务的核心在于对关键人的选择以及对关键人的需求的识别与满足。

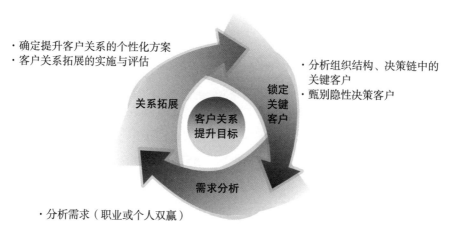

图 4-1　客户关系提升目标路径图

客户中的权力人士是各方争夺的焦点，所以对关键客户的拓展要有足够的耐心，要有人力、财力、物力以及时间的投入，要有一个过程才能建立稳定可靠的客户关系。对于员工客户关系的拓展管理，通常按照 4 个步骤开展。

知己知彼

在明确公关对象后，员工首先要围绕目标客户构建稳定的信息源，编织信息网络，持续收集、分析客户的信息，公私方面的信息都要收集，例如客户的履历、家庭情况、生活圈、兴趣爱好、禁忌等。以便我们选择公关活动以及每次拜访时要谈论的话题，为我们的直接接触做好准备。同时盘点自己的可用资源，清楚自己可以投入的时间和精力，以及平台有哪些可用资源，进而合理分配资源。

建立连接

建立连接也就是破冰，这是比较难的部分。员工首先面临的就是高层客户的难以接近，具体有"三难"，体现在门难进、脸难看、话难听。销售人员吃闭门羹是家常便饭。特别是一些公司品牌不强的小公司完全要靠销售的个人能力来突破，优秀的销售人员与一般的销售人员之间往往在这个阶段出现了分水岭，这也是体现个人价值的时候。那企业该怎么办呢？精诚所至，金石为开，常规的做法是坚持做好日常拜访工作。

曾经有一个大学刚毕业入行的销售人员，小伙儿年轻又帅气，公司安排他和一个高层客户建立关系。这个客户是个很难接触的人，每天板着脸，按照他们内部人的说法，就像别人都欠他钱似的。这就是他的性格，他对内部人和外部人都这样，不苟言笑。每次销售人员去见他，他都是随口应付，有的时候还会赶人。遇上这样的客户，一般的销售人员可能早就打退堂鼓了。

但是这名销售人员没有，他的心理素质特别好，无论客户的态度如何，他第二天都会准时去拜访，而且严格落实了在客户接触中要求的"黄金20分钟"原则。"黄金20分钟"指的是客户每天上班前的20分钟。一般客户从家里来到单位，会经历一个从生活人到社会人的心理转换过程，比如常看到很多人来了单位，首先会泡杯茶或咖啡，转换一下情绪，同时和同事们聊几句闲话。在这个转换的过程中，人的心理防御是最低的，客户接触的效果最好。20分钟是个泛指，指的是对于关键人的日常拜访，通常控制在20分钟以内为佳，因为很多人的客户沟通能力不强，超过20分钟会无法控制局面，效果可能会适得其反。

这位销售人员首先坚持用好这20分钟拜访客户，从客户那里出来以后，他就在各个办公室转悠。看到客户有什么事儿需要帮忙，比如需要有人去换桶装饮用水，修理电脑、打印机，他就过去帮忙。一来二去，大家都挺喜欢他，一问他"哪个学校毕业的？""哦，名校毕业的。""每个月赚多少钱呀？""哦，这么高呀！""小伙子有没有对象呀？我给你介绍一个。"在这个过程中，客户一直在偷偷地观察他，这也符合客户应有的心理，当没办法判断一个陌生人的时候，通常会以周边人的态度作为判断依据，因为周边的人都说这个小伙子不错，客户对他的印象也慢慢有所改变。这也是为什么在客户关系管理中特别强调客户美誉度，就是要形成良好的氛围和环境。

积累信任

在通过工作建立连接后，要慢慢尝试建立和积累信任。应该怎么做呢？答案是尝试着请客户帮一些小忙。对销售人员而言，一种错误的心理认知是：

怕麻烦人！殊不知客户关系也是通过麻烦构建的。客户关系是一种投资，不断地在客户的情感账户上储蓄，以便有一天能够提现。请客户帮一些小忙是一种试探，这能更加了解客户的性格及其为人处世的方法。看看对方是不是一个乐于助人的人？有没有可能把感情与合作持续向前推进？古人讲过"投桃报李"，如果不请对方帮忙，用什么理由回报客户？在这个过程中，我们必须注意两点：第一，不要触及对方的底线。要想清楚，对方帮助我们可以给他带来的利益是什么？弊端是什么？我们如何趋利避害？长久合作的基础是要有共同利益。第二，管理对方期望值，信守承诺。与客户合作的前期，要有一个互相磨合、互相试探的过程。在这个过程中，双方都在试探彼此的底线与边界，客户有时候不经意说的话，都是在试探，他要看你有没有真正关注他。所以，无论是大事还是小事，都要信守承诺，同时也要管理客户的期望值，不能夸大其词，说话不着边际，那样会让客户没有安全感。人都喜欢和稳重可靠的人合作，特别是在长期合作中。

施加影响

基于客户信任的基础，我们就有了影响客户的能力，这个时候应该做好客户关系平衡工作，管理客户格局。因为我们在客户的组织中不是只有一个支持者，如果客户中多个支持者的诉求不一致，利益有冲突，那应该怎么办？我的建议是回到功利原则，学会算账。销售人员必须克制自己的感性，理解我们在客户侧要实现的业务目标是什么，始终盯着目标，不停往回修正，要记住对目标有利的行为才有用。

关键客户的需求发掘

客户关系提升的核心是理解、发现和满足客户的需求。对此需要有一套完整的需求分析逻辑。

- **对象是谁？** 是要满足这个关键客户的需求？还是要在关键客户生活链条中找到他最关心、最喜欢的人，满足那个人的需求？

- **满足客户哪方面的需求？** 是满足客户的个人需求，还是满足他的职业发展需求？要关注两点，一是要选择对方的靶心需求，绝大部分的人都是满足对方的个人需求，职业发展方面的需求很容易被忽略。二是要注意差异化，就是你给他的别人给不了。

- **与客户有哪些主要的互动？** 比如日常例行拜访、平时一起去运动、去酒吧、去唱歌、去旅游，如何与客户建立关系？做客户关系和谈恋爱一样，和客户相处得越久，越容易发现、识别和满足客户的需求。占用客户的时间越多，竞争对手与客户的接触自然就少了。

- **客户对这些互动有什么期望？** 企业需要思考客户在每种互动中的期望是什么。

- **能给客户创造什么价值？** 客户愿意跟你在一起，肯定是觉得跟你在一起有趣。那互动中有什么亮点？怎么才能让客户交流一次还惦记下一次？让客户觉得和我们在一起比陪女朋友还有意思？这需要勤动脑、勤思考。很多人觉得客户关系就是请客、吃饭，这没什么技术含量，实际上，陪伴客户是对体力和脑力的双重考验。

- **怎么做才能够给客户带来更大的价值？** 做客户公关，大家最头痛的就是同质化竞争，大部分人都是请客户吃饭、唱歌，能有什么不一样的亮点呢？但是没办法，客户需求在逐渐升级，这是一个客观现实，原有的拓展方法已经不足以满足客户的需求了。以前大家都不富裕，你请客户吃些海鲜、喝点好酒，客户很高兴。但是现在大家的生活水平都提高了，而且客户越来越注重健康生活，很多客户都不怎么喝酒了，特别是学历很高、层级很高的客户。客户愿意一起吃饭，那是客户愿意配合，不是客户欠人情。那么通过吃饭，客户能够得到什么？这个问题就需要销售人员去思考和解决。

- **需求分析方法：马斯洛五层需求模型（见图 4-2）**

销售人员有空的时候可以学习一下心理学，尽管时代在变化，但是人的需求本质自古以来倒没什么大的变化。人类的价值体系中存在两类不同的需求，一类是人类进化的本能或冲动，称为低级需求和生理需求，这就像水面上的冰山一样，容易被发现和满足，称其为"显性需求"；另一类是随生物进化而逐渐显现的潜能或需要，比如个人的价值观、个人对成就的追求等，称为高级需求，也叫"隐性需求"，它们是隐藏在水面下的冰山，虽然巨大，但很难被察觉（见图 4-3）。对于客户需求的分析方法，采用的是马斯洛五层需求模型。人都潜藏着 5 种层次的需求，但在不同的时期，人所表现出来的对各种需求的迫切程度也不同。人最迫切的需求才是激励自身行动的主要原因和动力。

- **生理需求**：人类生存最根本的需要。
- **安全需求**：保证人身安全，避免造成人身威胁。
- **社交需求**：社会需要、友谊、社交、与他人交流。
- **尊重的需求**：期望被尊重、被他人承认。
- **自我实现的需求**：充分发挥自身才能、在事业上有所建树、实现理想。

低层次的需求基本得到满足后，它的激励作用就会降低，高层次的需求会取代它成为推动行为的主要原因。有的需求一经满足，便不再能成为激发人们行为的起因，于是被其他需求取而代之。高层次的需求比低层次的需求具有更大的价值。热情由高层次的需求激发，人最高层次的需求自我实现，就是以最有效和最完整的方式表现自己的潜力。而且高层次的需求没有止境，可以持续激发。马云说过一件事，说他创办的阿里巴巴上市以后突然他感觉很失落，感觉自己一下子达到了人生巅峰，反而不知道该何去何从。他的妻子察觉到了他的情绪变化后对他说："很多人一生只能登一座山峰，而你可以登几座。"他听了这句话，豁然开朗。

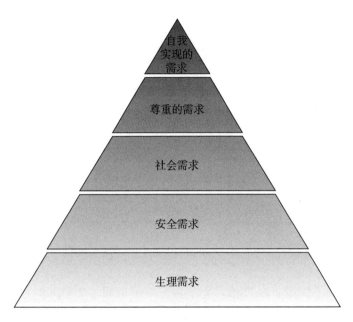

图 4-2 马斯洛需求层次图

客户需求冰山模型

图 4-3 需求层次图

不同支持度的关键客户应该如何拓展

很多销售新人在接触客户时比较容易犯的错误就是不会把握分寸。在面对亲密度不同的客户时，不知道哪些话该说、哪些话不该说，不知道哪些事该做、哪些事不该做，经常是冒犯了客户而不自知。华为的销售组织人员众多，能力参差不齐，流动性大（有被淘汰的员工，也有工作轮岗的员工），所以在业务管理中要基于具体的对象，把对方想象成是职场新人，用通俗易懂的业务指导，让每个人对照实际情况，做好自己的工作。

根据关键客户支持度的不同，有不同的拓展方式与建议。当然，这个建议只针对普通员工，有很多天赋较高的销售人员不用固定的方式也能完成任务。但是对于大多数销售人员来说，想了解如何正确应对客户不同的态度，下面的建议还是值得一看的。

关键客户不认可你

这是在初次接触关键客户时经常会遇到的情况。前文介绍过一部分如何破冰的内容，这里再系统展开。关键客户不认可，可能有两种情况：一种是对方不信任你，不敢与你合作；另一种是没有分寸感的客户，索求无度。在客户关系规划中特别提过，不能选择竞争对手的支撑者作为公关对象，因此，如果他是竞争对手的人，就不要选他作为公关对象。

先来看第一种情况，客户不信任你。对于这个阶段的客户，首先要明确阶段性目标，客户关系是一个循序渐进的过程，客户不可能原来一直反对你，突然就变得很热情，非常支持你，那不科学。比较切合实际的目标是让客户不排斥你、不针对你，所以维持日常的例行交往非常重要，让客户慢慢习惯你的存在。在具体动作上，有两点要坚持：第一，坚持客户的例行拜访，善用客户日常拜访的黄金 20 分钟原则；第二，争取一切可以争取的业务交流的机会，这是公司与公司之间正常的业务活动，客户是买家，你是卖家，客户的岗位职责决定了我们之间可以有业务交流，否则对他而言这也是一种失职。与客户的信任尚未建立时，业务交流一定要保证质量，必要的时候可以向公司申请优质资源，让客户感觉到我们对他们的重视程度。这个阶段是客户对我们的观察期，也是对销售的心理素质的巨大考验，务必要坚持住。

还有一种情况，客户分寸感差，索求无度。如果无法满足他的需求，这时该怎么办？与客户合作的初期是一个相互磨合的过程，双方在认知上存在差距很正常。因为我们与客户的关系程度决定了他不会只帮我们的忙。他在帮很多人忙的时候，会比较他的付出与回报，看和哪家合作利益更大，和哪家合作危害更小，趋利避害才是正常的反应。经过比较以后，有些人会有相对理性的回报预期。需要做的就是两点：第一，管理客户的期望值，做不到的事不要答应；第二，信守承诺，答应了的事无论大小一定要做到，要在客户心中不断建立信用账户。还有一些人属于问题客户，他们经常故意挑我们的错处，这种人有时候也会遇到。通过 3 ~ 6 个月的客户接触，基本上也能判断出客户是不是这种类型的人了。如果一个人把握不准，可以邀请主管与同事共同判断。如果判断得出的结论是客户的确是这种类型的人，那你很不走运，这段时间的工作白费了，但是也需要想办法解决这个问题。一般采用的方法叫"隔山拜佛"：主管和员工重新梳理决策链，挑选这位客户的主管作为新的突破对象。一旦我们突破了客户的主管，与他建立了良好的关系，之后就会好办一些。可以在适当的时机，邀请他参加我们和他主管的活动，让他看到我们和他的主管关系非同一般，这个障碍就会消除。

关键客户态度基本中立

这种情况是客户的态度趋于中立和客观，没有明显的选择倾向性，此时与客户接触的阻力就会变小，会有更多展现价值的机会。这个阶段的客户关系的目标是要能够走到客户身边，让客户接受接触。我们重点需要强化以下两个方面。

1. 展现公司的实力，增强客户的合作信心

安全感是与客户合作的基础，客户不会轻易就把全部资源都压上，必须让客户相信，我们是其个人和企业的最佳选择。组织客户关系在这方面可以发挥巨大的作用，要善于利用公司平台提供的资源，通过公司参观、样板点参观、高层拜访等诸多品牌活动，让客户不但能听见，而且能看见公司的实力，让公司传递的价值直达客户内心。

2. 与客户构建私人友谊

要在客户办公室之外，构建与客户点对点的私人关系，也就是客户关系规划中提到的私人拜访的能力。想把客户约出来，可以先从一些低层次需求着手，因为低层次需求属于通用性需求，人作为一种生物，一般都会有这种需求。邀请客户往往不会每次都成功，在邀请的时候应注意观察客户的反应，找到对方的兴趣点。

关键客户有限支持

这种情况是客户帮过忙，对企业有一定的选择倾向性。客户关系的目标在上一阶段的基础上可以再提升一步，可以试着走进客户的生活。能走到客户身边，客户可能还是所有保留；但是如果能走进客户的家庭，客户关系就提升了一大步。家庭是私密性很强的地方，谁会把陌生人、不熟悉的人带到家里去呢？万一对方是坏人怎么办？我辅导企业时，有个客户和我分享了一件事，他说他和某个客户公司高管的关系非常密切。他是怎么做到的呢？因为他发现他和这名客户住在同一个小区，非常巧合的是，他的孩子还和客户的孩子是同班同学。于是他就让自己的孩子和客户的孩子做好朋友，平时常在一起玩。在客户工作繁忙，没空照顾孩子的时候，他还会帮忙照顾，比如接孩子们放学，让孩子们一起在家里做作业，一起吃晚饭，等等。节假日时，两个家庭也会经常举办各种活动，比如聚餐、出去爬山、旅行等。孩子相处得融洽，大人之间的距离也很容易拉近，对方会有意无意地把一些别人无法获取的消息告诉他。客户关系这项工作是非常有挑战性的，想成为其中的佼佼者，需要付出很多，做事要心细如发，盘点身边所有可用的资源。

随着和客户亲密度的提升，慢慢地会发现客户更丰富的一面，走进他的精神世界，进而去发现他的高层次需求。企业员工的个人爱好要与客户相匹配。我以前有个同事，每个月都订阅汽车杂志。因为他的客户喜欢车，所以他会研究这些，这样才能谈到客户感兴趣的话题。要慢慢改变自己，成为客户的同道中人。比如客户是环保人士，你每次用纸巾的时候，一定只用一张；客户是动物保护者，那你也要表现得很有爱心，比如养个小狗；如果客户喜欢参加慈善活动，看看可以提供哪些资源，帮助客户举办一些慈善活动。要注意细节，真心实意地提供帮助，不要让客户认为你是个虚伪的人。时间长了，你会慢慢被客户同化。

关键客户支持并排他

客户关系到了这个阶段已经非常理想了，这种情况下客户不但支持我们，而且愿意帮助我们排除竞争对手。那么到了这个程度，我们的客户关系要朝哪个方向努力呢？一方面，良好的关系要持续维护；另一方面，要将符合教练标准的客户发展成我们的教练。客户不仅仅支持我们，还会指导我们，让我们的客户关系构建得更为顺畅。对这样高价值的客户，要向公司争取更多的资源来帮助他。比如我们可以成为对方的职业发展顾问，成为他的教练，互为教练：帮客户提升个人能力，帮他主管的部门实现卓越绩效，为他的进一步提升打基础等。

上面讲的方法并不是绝对的，因为我们对客户态度的判断掺杂主观因素，要基于客户态度掌握分寸，循序渐进。要敢于尝试，组合使用多种手段、多种方法，实践才是检验方法有效性的唯一途径。

关键客户关系拓展注意事项

在关键客户的拓展中，有一些容易功亏一篑的因素常被忽视，我们在拓展的时候需要特别关注。

忽视隐性决策链

拓展的员工仅关注客户组织结构图中标识的关键职位上的人物，忽视或是没有挖掘出隐藏在显性决策链后的关键人物。有些公司客户管理的基础很薄弱，甚至连客户的组织架构都没有完全了解，显性决策链都没分析好，就更不用说隐性决策链了。信息不共享，资源不共享，所有的销售各自为战，如同一盘散沙。如果企业对客户的决策过程缺乏全面了解和整体掌控，就无法预判风险会来自哪里，只能是四处救火，疲于奔命。

忽视竞争对手

拓展的员工缺乏有效了解竞争对手市场信息的渠道，甚至对竞争对手的活动都不敏感。有些人把竞争对手的支持者当成自己的支持者，被竞争对手牵着鼻子走，在项目中落入对方早已挖好的陷阱中。这些人分析竞争对手信息的能力较弱，对市场的反击缺乏整体性、策略性和持续性，无法保证效果。

忽视客户职业发展方面的需求

拓展的员工过多地关注客户的个人需求，不太关注或是忽视客户职业发展方面的需求。沉迷于以往的成功经验不能自拔，殊不知客户也在持续进步。你刚认识客户时，他是个科长，过了几年他升任局长，他的需求和以前也会有所不同。在满足个人需求时，容易陷入与对手的同质化竞争，无法在客户心中形成价值差异，这样投入产出比就会越来越低。满足客户职业发展方面的需求时，要注意整合公司的资源，在职业发展方面帮助客户耗费的资源会比较大，个人能够调动的资源有限，因此应时刻记住：员工与公司是一个密不可分的整体。

客户关系层次不深

拓展客户关系的员工缺少客观判断客户关系的能力，仅维持表面上的友好和客气，但关键时候客户并不会帮我们的忙。主要的原因有：一是，误判决策者。70%是员工自己的误判，有些员工是天生的乐观主义者，主管每次问起他的客户关系情况，都回答说好得不得了，但他的客户在实际业务中并没有起到什么作用；20%是客户高估了自己，比如我们想卖车给客户，找到了车队队长，对方很有自信地答应会买车，但是实际上对方在这件事情上根本没有决策权；10%是伪支持者，客户实际上是对手的教练。我们找上门去，正好落入他的陷阱，有些时候甚至是被对方坑了好几次，才醒悟过来，原来这个客户是对方的人。二是，以自己的喜好选择交往的客户。从员工角度来说，公关人员是感性的，都喜欢和对自己好的人交往，也喜欢被取悦。所以如果让员工自己选择公关对象，大部分人会选喜欢做的、容易做的客户，而不会选应该做的、高价值的客户。三是，盲目相信承诺。企业的员工与客户交往时夸大其词、无法兑现承诺。员工把握不住客户性格特点，客户变化无常，双方无法建立稳定的信任关系。

忽视明日之星的建设

拓展客户关系的员工仅关注当前决策链上的关键人物，忽视了即将成为决策链上关键人物的人。要想与价值客户维持长期稳定的合作，就必须在客户资源方面有所储备，允许有一定的富余。"春种一粒粟，秋收万颗子"，明日之星就是为企业未来发展埋下的种子。

忽视业务拓展的规范性

拓展客户关系的员工在关键客户拓展实践中欠缺规范性，例如对法律及当地风俗的遵从性考虑不足、风险控制意识薄弱等。在客户关系拓展中实现安全合规运营，既是对自己负责、对公司负责，也是对客户负责。作为一家全球性公司，华为在不同国家面临不同的营商环境，安全运营一直是华为管理的红线。华为对员工的要求很明确：必须遵从所在国家的法律法规。华为一直强调，客户关系拓展要与时俱进、要创新，不能生搬硬套，因为外部环境一直在变化。以前可以做的事，未来可能就不能做；这个国家允许的事儿，另外一个国家可能就会被禁止。比如我们早年拓展国内市场，总感觉礼多人不怪，所以很多销售人员会送客户小礼物。但是在欧美市场这么做就不行。

在欧美市场，礼物金额如果超过一定额度，等同于商业贿赂。所以在欧美市场，提升客户关系的核心在于你如何帮助客户取得事业上的成功，客户也最看重这一点。只有成就客户，才能成就自己。近年来我国的营商环境也越来越透明，所以这也成为国内每个企业的销售人员必须思考的课题，未来，你要如何构建你的客户关系？

基于项目生命周期的普遍客户关系拓展管理

普遍客户关系拓展是为了获取信息、提高业务顺畅度以及管理客户满意度，而与除关键客户以外的客户中基层人员及业务部门建立联系的业务活动。这项业务的核心在于要与竞争对手的差距对比，通过这项业务找到公司的业务短板并补足，形成在普遍客户关系上的差异化竞争优势（见图 4-4）。普遍客户关系相对比较好做，一方面，客户不在权力相对大的位置上，架子没那么大，容易接近；另一方面，可选的对象相对多一些，这个不行就换一个，重点关注的是与业务相关的部门的覆盖程度。由于普遍客户关系涉及的客户部门众多，需要接触的客户数量也很多，而员工的时间和精力有限，因此很多人在客户拓展前期抓不住重点，做了大量无用功。那如何提升客户拓展的有效性呢？关键在于主管与员工必须对客户的商机了然于胸，根据商机的不同阶段设定业务目标，并结合业务目标有针对性地拓展。

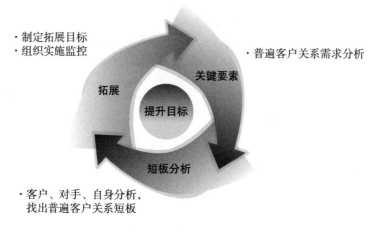

内（图中文字）：
·制定拓展目标
·组织实施监控
普遍客户关系需求分析
拓展
关键要素
提升目标
·客户、对手、自身分析，
找出普遍客户关系短板
短板分析

图 4-4　提升目标路径图

寻找与发掘商机阶段

1. 此阶段业务目标

通过与客户的沟通交流，识别客户的业务痛点，引导、控制客户需求，推动客户形成项目目标。在这个过程中，还要识别和屏蔽竞争对手，合理控制客户候选供应商的名单，阻止强劲对手进入。

2. 为实现此目标，需要沟通的部门

第一，需要沟通客户的市场部门，因为这个部门可能是发现问题和提出需求的部门。第二，需要沟通客户的规划部门，因为需求会汇总到这个部门，项目的规划、需求规格、功能特性指标要求往往由他们输出，如果想要屏蔽竞争对手，这个部门的作用不可小觑。第三，必须与客户的采购部门建立密切联系。因为整个采购过程都由这个部门组织完成，可选择的供应商往往也由他们提供名单，这个部门是项目运作的中心枢纽，是必争之地。

3. 拓展方法

对于客户的市场部门，企业可以用业务交流的方法，如展示新业务、展示企业的成功案例等。因为有些问题，客户自己并没有意识到。只有通过对比，客户才能发现问题、认可问题：原来别人是这么做的，原来这么做会更好，这样才能产生原始需求。对于规划部门与采购部门，可以采用公司参观、样板点参观等方式，既能展示公司的整体实力，又可以让客户看到用户实际使用的效果，进而增强客户信心，加快决策进度。

4. 拓展责任人

全面客户关系管理要求所有客户界面的员工都要承接改善客户关系的责任。客户关系的拓展追求的是业务协同性，多个客户节点同时公关，以推动同一个目标的实现。比如在商机寻找与发掘阶段，解决方案专家往往负责拓展客户市场部，他们站在客户的客户需求与业务规划角度帮助客户发现需求；当需求汇总以后，市场专家负责引导客户完成项目的规划设计（有些项目中，解决方案专家也可以完成此项任务）；客户经理主要负责维持采购部门与高层客户的关系。通过多个角色的协同，共同完成寻找与发掘商机的业务目标，让客户启动项目。

项目运作阶段（包含招投标）

1. 此阶段业务目标

第一，明确信息收集渠道。《孙子·谋攻篇》说道："知己知彼者，百战不殆。"在项目运作阶段，普遍客户关系的首要任务是明确信息收集渠道，在平时跑动的诸多部门中，明确与本项目相关的部门和个体，持续进行项目情报收集工作，为识别关键客户、与关键客户构建关系保驾护航。

第二，标书引导、控标点的设置。标书中的技术特性指标、进入壁垒等的决策人并不是客户侧的高层客户，因为他们并不关注业务细节，而更在意宏观层面的东西，方案是由客户的中基层上报，由高层决策，控制标书需要普遍客户关系与关键客户关系相结合。

第三，提升评标报告有利性。为了保障招投标工作的公正、客观，有时也是为了避嫌，客户会引入第三方资源参与评标，比如外部专家、设计院、需要关注这些第三方的交流情况，传递方案的优势与价值点，要像歌唱比赛中的参赛者一样，打动评委，争取选票。

第四，改善合同质量。华为在多年的市场拓展中也吃过不少亏，但吃亏并不可怕，探索新兴市场总有一个试错的过程。可怕的是总是吃一样的亏，华为总结了这些吃过的亏，把它们定义为 AB 类禁止条款，这些条款一旦签订，就会对公司造成重大损失，或者有带来重大损失的隐患。在新项目的拓展过程中，要把这些已经总结出来的问题，通过普遍客户关系的沟通，必要时以关键客户关系提供支撑，尽可能把不利的条款清理干净，签一个不埋雷的合同。

2. 为实现此目标，需要沟通的部门

要完成上述目标，需要沟通的客户部门会比较多，比如其规划部门、采购部门、财务部门、维护部门等，比如客户的财务部门与维护部门常常与改善合同质量相关，包括收入确认条款、到货确认方式等一系列业务操作层面

的细节。有时候基于项目需要，还要与外部专家、设计院这些客户的外围组织沟通，很多项目也会与这些人有关。

3. 拓展手段

拓展的手段有私人拜访、业务交流、专项考察等，其中业务交流很重要，客户肯定没有我们熟悉我们的方案和产品，所以用哪种方式控标，需要通过业务交流才能使对方理解。标书引导是通过客户实现厂家的意图，有时候厂家甚至会帮客户写标书。有些标书被引导的痕迹特别明显，有经验的销售人员拿到客户的标书以后，能够通过标书判断背后是哪个厂家在操控这个项目。

4. 拓展责任人

项目运作期间的客户关系拓展，属于项目期间的针对性客户公关，主要由项目组成员完成，成员可能包括客户经理、产品经理、交付经理、财务经理等。为什么会有财务经理呢？一般公司的财务经理通常在后台工作，不参与客户公关。但是华为不一样，合同质量的改善通常体现在财务的收益上，合同条款改善点需要财务人员的辅助，比如一起协商到货确认方式、验收标准等对财务有影响指标。同时财务人员在项目期间也要对接公关客户的财务部门，了解客户资金、预算进度等。项目运作期间的客户关系拓展，对各个角色的协同性要求很高，要关注客户部门关键点的支撑情况、各个业务线的协同情况、跨部门的配合情况。客户的业务也由流程驱动，它就像一台开动的机器，而采购流程由一个业务节点传递到下一个业务节点。如果企业不能提前疏通客户关键业务节点的工作，等到客户的流程已经经过了这个节点时再去做工作，就已经没用了，而且可能导致在前面节点中投入的努力都打了水漂。

合同执行阶段

1. 此阶段业务目标

在合同执行阶段，对于有工程施工服务需求的企业，企业在交付中有大量的工作需要客户或业主配合，比如入场、相关配套设施的准备。在工程完工后需要客户尽快验收，以便能及时回款、确认收入。工程施工不会总是一帆风顺，由于各种原因，在施工的过程中会遇到各种问题，有些问题甚至很严重，会影响到公司的声誉、客户的口碑，这时需要控制问题的影响范围。

2. 为实现此目标，需要沟通的部门

在合同执行阶段重点维护客户侧包括建设部、施工部、维护部等部门，不同企业对它们的叫法不同，不过它们同属于售后服务部门。同时，对于客户的规划部门、项目管理部、主管交付工作的负责人，要做辅助沟通，因为这涉及如何将设计方案转换为施工方案，如何匹配工程计划，以及如何消除关键障碍点等问题。

3. 拓展手段

客户拓展的方法很多，比如说管理培训。很多客户算盘打得很"响"，既想要人才，又舍不得花钱、花时间去培养。华为利用自己的企业资源，包括华为大学、岗位实践等帮助客户培养稀缺的项目管理人才。粗一看好像华为吃亏了，付出了很多额外的成本，实际上正是这种在客户关系上的投入，使

华为可以发展很多同盟军。还可以筹划交付里程碑活动，并邀请双方的高层出席，一方面企业给了客户交付部门在公司中呈现组织价值的舞台，让客户领导关注到交付部门的贡献；另一方面，有了交付里程碑活动，便于企业及时确认成果，支持阶段性回款。

4. 拓展责任人

交付阶段的客户跑动以交付经理为主，其主要职责是保证工程按计划实施，并验收确认工程。解决方案部门与项目管理部相配合，与客户侧一同完成方案的澄清、工程计划的匹配等工作。如遇到重大交付障碍，可以请客户经理通过客户高层关系推动问题的解决。

回款阶段

1. 此阶段业务目标

这个阶段我们唯一的目标就是加快回款速度。回款一直是客户经理的核心职责之一，顺畅的回款可以让企业的资金流保持良性运作。资金对于企业，就像血液对于人体，血液通畅才能百病不生。例如，合同中规定，设备验收完成后 90 天内付款。但通常到了 90 天，客户也不一定会自觉地付款，那么自觉的客户并不多，很多客户会以各种理由延迟付款，按合同回款是底线。但是如果合同规定 90 天内付款，我们 60 天就把款收回了呢？那提前的 30 天就产生了额外的资金价值，资金的周转速度就加快了。

2. 为实现此目标，需要沟通的部门

客户为什么提前付款给你？这就需要客户关系发挥作用了。客户跑动的

核心部门首先是维护部门，在这里拿到付款必需的验收文档以及领导签字；其次是财务部门，在这里了解客户的资金情况、付款计划以及付款的相关要求；最后是相关领域的决策领导，申报计划需要得到领导的批准才能执行。

3. 拓展手段

为了营造良好的合作氛围，建立客户美誉度，可以采用部门联谊的方式提升私人感情，采用管理交流等方式提升组织业务配合的顺畅度，比如举办财务管理的专题交流。

4. 拓展责任人

客户经理负责维护决策链的领导。在整个项目回款期间，交付经理、回款经理、包括代表处 CFO 都由客户线统一调动，按照回款计划分配任务，以实现项目回款目标。

养兵千日，用兵一时，普遍客户关系的工作重点在于匹配项目的生命周期，提升对项目质量的控制能力。

普遍客户关系拓展常用方法

普遍客户关系拓展的重点，在于对部门中相关客户的例行拜访以及对业务相关部门的覆盖程度。各级主管通过跟踪员工周工作计划管理客户沟通的情况；而组织层面的覆盖则通过大型的组织活动完成，一般是在每年年初规划客户关系时落实到普遍客户关系活动规划中，包含团队建设活动、商务能力提升活动和例行的规定动作3个方面。

团队建设活动

与客户团建是很多企业都使用过的提升客户关系的方法。我当年在华为研发部门工作时，公司曾经组织过研发员工与深圳移动客户服务中心的相亲会，因为研发部门的适龄男青年很多，而客户的服务中心恰好女孩子比较多，很适合联谊。但是一般企业的团建活动由各个部门自主发起，大部分活动缺少规划，活动安排不系统、不持续，因此效果比较有限。团建的形式可以有很多种。

1. 共同参与体育活动

比如基于客户爱好，邀请客户看当地著名的体育赛事。如果当地有著名的足球队、篮球队，就需要了解客户是不是某个队的球迷。在世界杯期间，企业可以把某个酒吧包场，邀请客户一起边喝酒边看世界杯；邀请客户进行例行的体育活动，像足球、篮球这种群体性运动的效果会好一些，比赛是双方加深了解、建立信任的一种非常好的方式。实际上，与客户比赛并不轻松，是输还是赢，要根据客户的性格具体应对。

2. 文娱活动

如果客户部门的女士居多，比如财务部，就不适合邀请她们去踢球了，这时候可以考虑文娱活动。比如去看当地质量较高的演出；在国外的话，也可以筹办一些有具有中国特色的文化活动，比如茶文化品鉴活动等，都会有非常好的效果。

3. 节日聚会

在国外时，可以利用圣诞节、中国春节举办与客户的庆祝聚会，这是融入彼此文化的一种方式。比如到了中国春节时，可以邀请客户一起包饺子，品尝中国美食，一起过节。

4. 家庭活动

这种方式的效果非常好，当双方的家庭融合在一起时，会发现很多共同话题，可以谈爱好，也可以比厨艺，特别是当孩子之间也建立了友谊以后，与客户的默契度会迅速增加。

商务能力提升活动

普遍客户关系的拓展也要思考如何为客户的组织带来价值。客户的部门之间也存在竞争，也面临绩效考核的压力，可以尝试多种为客户提供帮助的方式。

1. 业务交流

《论语·述而》中说，"三人行，必有我师焉"，我们为行业的众多客户提供产品与服务，在对行业与客户的理解上我们的视角比客户更宽。比如我们常常把中国的新兴业务模式介绍给欧洲客户，把欧洲客户的做法分享给非洲客户，帮助客户打开思路，发现新的机会。

2. 品牌活动

它是指企业与客户共同举办面向最终客户的品牌活动以支持客户的业务发展，具体的活动形式包括现场会等。我在辅导企业时，曾经有位企业领导很苦恼地对我说：公司每年都有一些营销费用来支持合作伙伴的品牌推广活动，但是他没办法判断应该重点支持哪家企业？我给他的建议是，所有品牌活动的费用，都要求客户和企业各负担一半，哪家客户答应这个要求你就支持哪家客户。肯花钱的客户才是真正用心合作的客户，那些嘴上说得很好听却不肯做实事的客户，他们对我们并没有信心，这样的活动也很难保证效果。

3. 管理培训

在交付部门、财务部门、人力部门经常举行培训，因为这些部门在很多企业属于非核心部门，能获取的资源非常有限，普遍管理基础薄弱，企业可以帮到客户的地方比较多。

例行规定动作

拓展普遍客户关系的方式有很多，各个客户团队的主管可以结合自己客户的实际情况，根据自己掌握的资源灵活选取，但是有些例行的规定动作必须覆盖到相关客户。

1. 例行的客户关怀

比如在客户的生日或节假日时表示问候并准备贴心小礼品。

2. 例行传递公司的关键信息

以华为举例，可向客户不定期投送与公司相关的报刊和新闻稿，让客户更了解我们。除了提到过的《华为人》和《管理优化》，华为还有一些汇编型的刊物，例如《华为文摘》，也包括一些与华为相关的书籍《以客户为中心》《以奋斗者为本》《价值为纲》《华为管理之道》等，这些报纸与图书效果都不错。

3. 例行业务沟通或部门联谊

这里指的是在年初普遍客户关系规划中明确的活动，销售管理部会例行跟踪与监控这些活动，以确保规划的落实。

普遍客户关系的建设容易被企业忽视，实际上这是一项投入少、见效快的工作，它是关键客户关系的助推器。有了普遍客户关系的铺垫，企业会变得耳聪目明，可以从容应对客户发生的变化。普遍客户关系可以成为企业抵御竞争对手入侵的第一道防线。良好的普遍客户关系可以帮助企业动摇关键客户对竞争对手的支持，重创竞争对手。

第 5 章

客户期望与满意度管理

【任正非语】"我们必须以客户的价值观为导向，以客户满意度为标准，企业的一切行为都是以客户的满意程度为评价依据。客户的价值观是通过统计、归纳、分析得出的，并通过与客户交流，最后得出确定的结果，成为公司努力的方向。客户的利益就是我们的利益，通过实现客户的利益，客户、企业、供应商在利益链条上的合理分解，各得其所，形成利益共同体。我们从产品设计开始，就要考虑到将来产品的无代演进[○]。其他公司追求产品的性能价格比，我们追求产品的终生效能费用比。为了达成这个目标，我们宁肯在产品研制阶段多增加一些投入。只有帮助客户实现他的利益，在利益链条上才会有我们的位置。"

——任正非（引自 1998 年《华为的红旗到底能打多久》）

○ 无代演进：是指华为要求，产品在设计之初就要考虑到产品生命周期管理。其他的企业只看当期的效能与费用，而华为则考虑在产品的整个生命周期中如何让效能与费用达到最优。

客户满意度管理通过提升客户总体满意度与相对竞争优势，支持企业的可持续性增长。它与公司的各个部门都相关，但是直接与它相关的组织是销售体系和服务体系。因为它们是公司与客户的接触界面，客户的声音要由它们来反馈，而对客户的服务也需要它们去实施，所以客户满意度是客户线与交付部门核心绩效考核指标之一。通常，客户关系管理流程中的客户期望与满意度管理子流程并不会独立运作，而会与另外一个一级流程，也是价值创造的主流程——问题到解决流程（Issue to Resolution，ITR）高度集成，被ITR流程调用。具体来讲，ITR包括以下3个部分：管理客户声音、管理非技术问题、调查与改进客户满意度。

管理客户声音

2000 年，华为的市场体系由客户经理制转变为客户代表制。其目的是加强华为对客户真实声音的发现能力。客户经理的目标是很明确的，单方向的、推介式的，其职责是销售产品。而客户代表呢？首先他们必须代表客户，代表客户监督公司的运作。客户代表的职责就是站在客户的立场来批评公司，不批评就失职；如果乱批评，公司在整改中吸取批评后，并没有进步，那么客户代表的考评成绩也不会好。只有多批评，实事求是地批评，批评的内容能得到整改，客户代表才会有进步。

为什么实行这项制度呢？因为一般几乎听不到客户的批评，客户认为我们的员工太辛苦，他们的工作中有一点点错时，客户担心告诉公司会影响他们的进步，于是有意见也不会提出。久而久之，企业以为太平无事，但问题积累下来，量变引起质变，则会毁坏整个客户关系。而客户代表又不同，他的职责就是批评公司，大到发货不及时、不配套；小到春节期间装机，员工以为没人管，在客户的机房吃东西。客户的事无小事，我们必须对客户保持敬畏之心，了解客户对企业的真实评价，发现问题的蛛丝马迹，在萌芽状态解决问题。

客户声音管理，即企业针对客户关于产品或服务的各种需求、期望、意见、抱怨、评价和反馈进行管理。企业通过客户声音管理可以为自身带来哪些收益呢？

1. 决定向客户提供什么样的产品或服务

企业中，通常由市场一线人员倾听客户声音，再由市场体系的业务人员组织过滤客户需求，形成客户化的解决方案并且传递到研发体系；研发体系的业务人员组织瞄准技术的未来实现形式，通过与市场体系业务人员的深入探讨达成共识，以此指导研发体系构建连接大平台（也就是可复用的平台），市场和研发两只轮子共同驱动公司前进，为研发体系开发产品指明方向。

2. 确定产品或服务的关键质量特性和规格

产品的开发方向选对了，但是产品的卖点是什么？如果找不准客户的买点，产品就仍不会为公司带来足够的利润。那么去哪里找客户的买点？收集客户调查和客户声音是一个很重要的途径。比如华为手机的崛起过程：打电话是手机的基本功能，但是只能打电话的手机很可能没有市场，华为除了对手机进行客户定位、品牌塑造以外，还抓住了一个核心卖点，就是强大的摄像功能，并也通过营销强化了大家对华为手机摄像功能的印象。比如华为手机拍月亮，能拍出月亮上的环形山，又录制了一个站在月亮上拍地球、拍登月横幅的小视频以体现相机强大的超广角能力，这种方法的传播效果非常好。

3. 确定产品和服务的改善重点

需要通过客户反馈的声音发现原有产品在功能与服务质量上的不足。时代在进步，客户的生活品质也在提升，在未来，客户对产品和服务质量的要求会越来越高。以前，一家人能吃上一顿肉，大家会觉得很幸福，现在我们吃上一顿肉，还会有原来那种幸福感吗？所以企业要有追求卓越的心，要不断地问自己：还能再改进一些吗？只有这样，才能达到甚至超越客户与时俱进的需求。

4. 识别客户满意的关键点

根据不同客户对产品服务要求的差异，找到客户最关注的需求点并满足。比如与华为合作的客户都非常关心华为能否长久生存，关心华为的核心能力是来自外部还是来自企业内部。所以华为投入很长的时间和大量的人力、财力、物力，开发高端芯片与底层操作系统、构建新的生态圈，制造自己的企业级"核心武器"以强化企业在未来的生存能力。

管理客户声音的过程包括收集、分析、分发处理、验证确认、关闭客户声音多个环节，涉及公司多个组织、多个处理流程（具体情况依据客户声音的具体问题而定），这里只详细说明第一个环节，收集客户声音。

收集客户声音有以下 2 种信息来源。

被动信息来源

这是很多公司的做法，被动等待信息。一般企业认为客户反馈是一种麻烦，从心理上抵触、拒绝客户，希望客户不要找过来。

- **服务热线。**这是比较常见的问题反馈渠道，比如 400 电话。华为早期大力推行服务热线，要求在客户的机房中必须张贴华为的服务热线，客户对于服务热线的熟悉程度会作为华为考核交付部门绩效评价的关键事件。

为什么要大力推行服务热线呢？因为服务热线是中立的组织，不属于利益相关方，通过服务热线可以比较公正、客观、全面地了解客户遇到的问题，不会出现漏报、瞒报的情况。这种做法应该也容易理解，假如客户的问题是某个服务工程师造成的，他会如实向公司报告吗？他肯定是能瞒就瞒，甚至向客户哭诉，看在他上有八十岁的老母亲、下有嗷嗷待哺的婴孩的份儿上，求客户通融。像格力、海尔这样的大公司的服务热线比较规范，既有组织规范，也有清晰的处理流程和服务质量标准。小公司在这方面表现出的水平差异很大，经常出现电话打不通，打过去也没人接的情况，客户体验很差，这也就决定了客户之后应该不会再买这家的产品。

- **客户服务请求。** 它是指客户向企业的售后服务部门发起的服务请求。我们在与客户的合同中，会有 SLA[⊖]（Service - Level Agreement，SLA），比如不同问题的处理时间，客户遇到问题可以联系服务工程师。遇到这种情况，重要的是要把问题、问题的处理过程和结果记录在服务系统中，要有问题受理单和处理单。不能客户口头说过但没有单据，你也自行处理了，这样做是违规的，因为公司会不知道出现过这个问题，特别是如果后续有争议，公司会很被动——这算是公司行

⊖ SLA：服务等级协议，是关于网络服务供应商和客户间的一份合同。——编者注

为还是个人行为呢？说不清楚。

- **销售报告。**它是指由销售反馈的问题。客户自己在反馈问题时，也没有标准的程序，通常是和谁熟悉就和谁说。但是要特别重视销售人员反馈的问题，因为销售人员反馈问题的渠道通常来自客户的决策层，如果收到销售人员反馈的问题，说明问题的影响已经比较大了。

- **退货信息。**如果客户退货，往往是遇到了问题，供应链作为退货的接收处理部门需要把退货原因录入系统。这时会出现多点反馈同一个问题的现象，比如退货前，一线的销售部门、服务部门就会在系统中申报问题，因为客户退货这件事本身也需要得到公司的批准。那为什么供应链还需要录入退货原因呢？主要目的是进行多点交叉验证，比如一线的销售、服务部门反馈退货原因时，容易避重就轻，模糊自身原因导致的问题。但是客户在填写退货原因时，因为处理的部门不一样，不一定会有所隐瞒，交叉验证有助于了解问题的真正原因，同时这种机制对于一线部门也是一种威慑，减少一线部门的瞒报、漏报。

- **网络反馈。**除了传统的客户邮件，还可以用监控网络舆情的方法收集信息。得益于互联网的蓬勃发展，人们的维权意识空前提升，特别是在个人消费品领域，各个厂家竞争得不亦乐乎。在互联网上，不乏有些人恶意制造舆论，但是网络反馈的问题中，也存在着真实的、对企业有价值的问题，这些问题可能代表了客户需求的变化以及行业未来发展的趋势，这就需要企业去发现、去甄别。

主动信息来源

卓越企业与一般企业的区别就在于这一点。一个敢于发现、敢于正视客户问题的企业更为勇敢，因为它拥有自我批判的勇气。希望有一天企业能够意识到自己发现、解决客户问题付出的成本，与自己未来能获得的回报相比微不足道。有一种说法是"嫌货才是买货人"，愿意指出公司问题的客户是公司的朋友、伙伴，而不是敌人。

- **客户访谈。** 客户满意度是各级管理者的考核指标之一，因此它备受重视。有些公司每次与客户见面之前，准备工作中有一项就是检查客户还有哪些遗留问题没有被解决，做到心中有数后，可以主动向客户提起，并且给出问题的解决方案建议。这种坦诚的做法会赢得很多客户的赞许，认为这是一家负责任的公司。

- **问题处理团队反馈。** 人造的东西难免有各种问题，有产品设计本身的问题，也有客户使用方面的问题。产品出了问题，就要帮助客户解决。有些复杂的问题需要各个领域的专家和市场一线人员共同参与才能定位和解决。在问题解决过程中，有很多与客户交流的机会，在交流中可能会了解到客户的一些新的问题和需求。问题解决以后，相关人员需要按照公司的流程上传问题解决报告，把了解到的新问题和新需求录入公司的 IT 系统。

- **客户调查。** 客户调查一般分为企业自查和委托第三方调查两种。华为的企业自查由全球技术服务部负责，外部客户满意度则委托盖洛普公司调查。两种调查有一个共同点，就是遵循利益不相关原则，因为一个人难以客观地调查自己，很可能会做假。第三方调查是企业调查的补充，主要是为了防止出现较大的"企业病"——对客户的声音渐渐地不敏感、反应迟缓、自我美化，与客户背道而驰。所以企业需要外部的声音来警醒自己。

- **合作伙伴访谈。**这属于第三方观察法，是指从合作伙伴的口中了解客户对我们的评价。因为客户有时碍于情面，很多话不会直接说，如果听不出弦外之音，就不能及时识别很多问题。而第三方的顾虑没那么多，可以更客观地发现一些问题，其中客户对企业和企业的竞争对手的比较是重点关注内容。

- **直接观察法。**它是指直接与客户接触的一线的各个工作岗位，在工作过程中主动发现的问题。这些问题中，有些问题客户还没意识到但是企业已经发现了，这时就需要及时反馈。想要客户对企业的产品与服务完全满意是不可能的，任何企业都做不到。企业肯定存在不足，只是看能不能发现、愿不愿意发现。那怎么让问题被发现呢？靠员工的主动性？员工的主动性是不可靠的，绝大部分员工会对问题视而不见，还有一些员工会躲避问题，所以要有管理方法，主要的管理方法有两个。

第一种方法，在从问题到解决流程中，定义一个发现问题的组织绩效指标，称作每周有效问题数。可以根据客户的营收规模定义具体的问题数量，比如对于年营收在 5000 万美元以上的客户，要求每周录入的问题不能少于 2 个。但是这项措施在实际执行中会有些问题，一线员工反馈客户侧确实没问题，那么没问题的话就不能保证每周都发现 2 个问题，但是企业又要考核这个指标，无奈之下，一级员工把已经解决的问题录入系统，以保证指标的完成。这显然不是企业的目的，所以需要理解管理的重要性，不切合实际的管理会把大家"逼上梁山"。如果长此以往这种业务造假行为形成潜规则，会不会让业务出现巨大的风险？这个时候就需要用到第二种方法——关键事件负向扣分机制。客户侧没有问题是理想的业务状态，同时也会降低企业的管理成本，如果团队真能做到没有问题，我们认为这是一支优秀的队伍。所以如果员工说本周客户侧没问题，那企业会选择相信，员工用一些已经解决的问题或一些小问题让指标更好看，企业也可以暂时接受。但是一旦客户侧出现重大问题或者投诉，而相关人员在问题电子流程中没有提前看到反馈，前期没有任何蛛丝马迹让相关人员发现、识别风险，那么团队主管要问责，团队绩效要负向扣分。

- **市场调研报告：**企业每年都会投入一定的预算，用来让市场部门向业界著名的研究机构购买相关的市场调研报告。别人把信息作为产品售卖会以专业性和信息量作为保障，华为早年在这个方面受益颇丰，因为以前的能力不够强，不知道怎么分析，所以借助外部的力量，对比本企业的分析与各个专业机构的分析，看看差异在哪里、如何产生，以此做数据的交叉验证。

华为投入大量的企业资源，多角度、多层次、全方位地去了解客户声音，无非是想要知道业务的真实情况。很多企业对于客户声音持有消极态度，这主要是因为他们的问题受理部门无法推动问题在企业内闭环解决，相关人员容易受夹板气，前面客户在骂，后面各部门在推诿。久而久之，各个组织都可能会破罐子破摔。管理客户的声音是企业的事情，而不是某个部门的事情，客户的声音需要端到端地发现，也需要端到端地解决。

管理非技术问题

华为对于问题管理有一个独立的一级流程，即 ITR 流程，客户关系流程中管理非技术问题的子流程与 ITR 流程集成，它们同属于问题处理部分。可以这么理解，ITR 流程是水管，把客户的问题接到企业里，问题通过甄别后，谁的问题谁领走解决，就像接水的水桶。非技术类问题由销售体系负责推动和解决，它的处理流程是从客户满意视角驱动各业务流程改进，处理与升级管理客户不满意之处、各流程业务问题运作不通畅之处。什么样的问题属于非技术问题呢？比如到货延迟、货物破损、员工服务态度差、答应客户的事情没做到、遗漏对重要客户的承诺等。这些与产品和技术不相关的问题，往往因组织管理不善所导致。

为什么要由销售体系负责此类问题的管理？这由华为的组织设置和业务运作方式决定。一般公司的组织设置方式为上下对齐，这样便于指挥，但是这样的组织设置方式比较僵化，容易造成资源的浪费。华为采用了由一线到公司的倒装式的组织设置方式，即小前端、大中台。在客户界面配置代表处、地区部、公司总部三层平台提供资源支撑、能力支撑、服务支撑。把最优秀的资源直接配置到客户的工作界面，让工作界面的员工成为"少将连长"，由他们统一指挥，代表客户向平台呼唤炮火使资源协同效率最大化。这种前方呼唤后方、下游指挥上游的运作方式，需要前端具备更大的权力，所以华为在管理上大力推行资源前移、权力前移。以前一线的客户经理可以直接给产品线总裁打电话，提需求、要资源。如果一线有明确的投诉动作，公司要对后端部门进行管理回溯和问责。对此，华为的说法是要给一线一根鞭子，抽着后端的组织像陀螺一样动起来，现在业务全面流程化以后，前后端的业务运作管理更顺畅了。非技术问题的管理并不复杂，可以从业务运作和业务管理两个层面来看。

业务运作

1. 受理问题

所有通过客户声音收集到的问题都要统一录入 IT 系统，这样做的好处是可以集中管理客户问题，确保问题可以及时被处理，过程可控，闭环有管理。受理的初始问题可能有各种各样的类型，如技术问题、非技术问题、备件问题、客户投诉等。问题受理人要对问题进行验证与分发，比如服务热线会把非技术问题分发给销售体系的问题接收人。

2. 处理问题

基于首问负责制，问题接收人首先要尝试自行处理问题，根据系统赋予的权限搜索 IT 系统中的案例库，看看是否有问题处理指导书或者类似的相关处理案例。如果能搜到，并且需要消耗的资源调动在自己的职权范围内，就可以立刻制订方案并与客户沟通、确认，在征得客户同意后实施方案。

3. 升级问题

如果问题接收人查不到问题处理指导书，或该问题超出他的能力和权限范围，他可以申请将问题升级到平台管理部门，由他们处理，比如由销售管理部组织协调资源，指定责任人处理问题。华为有代表处、地区部、公司三级销售管理组织，问题最高可以升级到公司，最大限度地调动资源解决客户问题。那么，哪些问题可以升级呢？比如，严重超出客户要求解决问题的时限、复杂问题无法确定责任人、不及时解决会影响投标或造成严重的社会或政治影响、各个部门对问题无法达成一致需要管理团队仲裁等问题。有了问题升级渠道，大家可能会担心升级所有问题会给后端部门带来极大的压力。这一点在制定流程规则时华为也有过考虑，各处理环节都有一个问题自行解决率指标，比如代表处的问题自行解决率是80%，也就是意味着它只有20%的问题可以申请升级；地区部的问题自行解决率的指标是90%，只有10%的问题可以升级。这个问题自行解决率指标避免了大家做甩手掌柜，同时在解决问题的过程中也可以提升组织能力。并且如果问题升级过多，组织绩效评价就会变差。

4. 关闭问题并评价

为了规范客户满意度调查活动，准确记录客户的意见，发现企业产品与管理的不足，推动企业的业务改进，我们需要闭环管理问题。只有问题提交人才有权限代表客户关闭问题，在问题关闭前要对客户进行回访。回访原则有三条。

第一，成功回访的问题单比例不能低于总问题单的10%。

第二，"紧急问题"类型的问题，回访率必须为100%。

第三，对于同一联系人，原则上 10 天内不能重复回访。在回访中，企业应请客户对服务质量进行打分。以 5 分制为例，客户满意度达到 3 分才允许关闭问题，评分低于 3 分的，要由流程 QA（Quality Assurance，QA）组织事件处理管理团队对问题处理过程进行回溯并问责。

业务管理

1. 代表处周监控

非技术问题由市场体系最前端的经营单元即代表处进行管理，以此及时发现问题、及时解决问题。每周的销售例会有一个专题，即"非技术问题的解决"。正常来说，问题到解决流程中，问题处理有明确的处理过程及质量要求。销售例会主要是处理异常情况，比如问题责任主体定位不清楚、问题解决进展异常，决策哪些问题需要升级处理。重点监控几个指标的情况，比如新增有效问题数量、问题分发一次性准确率、问题及时关闭率等，这些指标与代表处的组织绩效指标有关，必须例行管理。

2. 地区部及公司的月度问题质量分析会议

每个月公司会召集各地区，在不同时段召开客户问题解决质量分析会议，一般是远程的视频会议，会议中会介绍公司总体情况、各区域情况、公司的最新要求以及需要区域重点关注的问题。但是，实际上各个地区部对这个会议的重视程度并不高，一般是公司要求，各个地区部就派一个人参加，属于边缘类的管理任务。因为按照华为产品与方案的硬实力、员工基本素质、客户关系支撑力、平时管理的关注度，除非是新兴市场或新兴业务，否则这方面出现问题的可能性非常小。

客户满意度调查与改进

【任正非语】公司将继续狠抓管理进步，提高服务意识。建立以客户价值观为导向的宏观工作计划，各部门均以客户满意度为部门工作的度量衡，无论直接的、间接的客户满意度都激励、鞭策着我们改进。下游就是上游的客户，事事、时时都有客户满意度对你进行监督。如果我们有客户100%的满意度，就会没有了竞争对手吗？当然这是永远不可能的。但企业的管理就是奋力去提高客户满意度。没有自我批判，认识不到自己的不足，何来客户满意度的提高？只要我们时时、处处视客户利益为最高的准则，及时改正自己存在的问题，客户满意度就会提高，基于客户需求导向的人力资源及干部管理。客户满意度是从总裁到各级干部的重要考核指标之一。

——任正非（引自1998年任正非在公司品管圈活动成果汇报暨颁奖会上的讲话《小改进、大奖励》）

客户满意度调查涵盖了产品质量、服务质量、品牌质量等诸多方面，其目的是评估客户满意度状况，分析并识别驱动客户满意度的关键因素；并在方案的制订、执行和关闭等关键环节与客户沟通并达成共识，确保问题在客户层面闭环。企业通过对客户声音的系统管理，确保所有的客户声音都能找到正确的处理渠道并及时闭环，以此提升客户感知，保持较好的客户满意度。通过向客户提供产品或服务的基本特性使客户满意，通过持续改善客户关注的焦点领先于其他企业并获得客户忠诚，这两句话是问题的关键，是企业拥有最佳投入产出比的生存方式。

客户满意度调查的实施方式

这是与客户界面活动的有机结合，各种市场活动都有反馈客户满意度的要求。比如在邀请客户参加展会时，展会参观流程可以明确要求在展会结束3天内，客户邀请人必须回访客户，了解我们在展会中存在哪些不足。这里介绍两种比较有代表性的调查客户满意度的方式。

1. 基于项目的满意度调查

公司规定地区部以上的项目（也就是一般公司认为的大项目），项目结项时必须端到端的回访客户满意度。小项目采用抽样调查的方式，抽取10%的客户作为调查样本。华为需要了解其在项目中存在哪些不足之处：是产品问题、方案问题、交付问题，还是服务态度问题，最后客户满意度的评分会作为项目质量评价的一部分。这种做法体现了华为的客户价值观，华为内部有个说法："客户和我们签订合同是合作的开始而不是终结。"华为不倡导和客户做一锤子买卖的价值观，比如客户和你合作过一次后就再也不想和你合作了，而且因为与你的合作后悔一辈子。华为倡导的是客户合作了一次后还想合作，让客户产生黏性。如何才能做到这一点呢？这就需要我们用心倾听客户的声音，发现并改进自己的不足。如果忽视客户的声音，客户说了一次，不处理；客户和你说了两次，还是不处理；那第三次客户就会直接走掉，不会再来找你了。

2. 第三方满意度调查

为了公正、客观、全面地了解客户的真实评价，企业还可以引入第三方满意度调查。以盖洛普在中亚的第三方满意度调查为例，这样的调查一般每年做一次。调查发起前，第三方会按照客户的规模要求一线提供足够的受访样本，比如某个客户每年交给企业的订单价值 5000 万美元，那就需要找 30 个以上的客户访问样本。样本对于高层、中层、基层的样本分布有比例要求，同时要标明样本是愿意接受面谈、电话访谈还是问卷调查。第三方满意度调查也不是不能作假，但是作假难度很高，如果能够找到 30 个不同层级的愿意夸赞公司的客户，那至少说明客户关系做得比较到位。

客户满意度调查的过程管理

任总对客户满意度调查的要求很简单。他曾在地区部向经营管理团队（Executive Management Team，EMT）进行 2008 年年中述职会议上讲道："客户满意度调查结果要全面公开，我们投入这么多，为什么不公开客户的批评呢？不公开就不会推动我们改进，那做调查又有什么用呢？即使竞争对手知道我们的缺点又怎样？他们攻击我们，我们也不怕。我们自己改进了就好了。什么是无理要求？除了客户说你给我这个设备，我一分钱都不付，别的都不是无理要求，而是我们自己骄傲自大，当我们强大到一定程度时就会以自我为中心。"企业在实际工作中，不能僵化地理解、执行他的要求，而是要做好两个方面：

1. 管理和控制问题解决过程中客户的声音

问题必定会发生，企业管理的关键在于问题发生后如何面对和解决它。如果问题发生后企业不对客户的声音加以管控，任由问题发酵甚至事态发展，就会增加解决问题的成本，进而影响到客户满意度。因此解决问题的过程中，我们定义了一个"客户关怀代表"的角色，这个角色一般是由客户经理担任，由他来统筹公司所有资源，并对售前、售中、售后中的问题进行全流程管理。比如在解决重大事故的过程中，要求每小时向客户汇报一次问题解决进度，推动问题的快速解决，提升客户感知。

2. 管理客户期望值、倡导契约化交付

管理的目的是构建比较优势，不是追求尽善尽美。也就是说，其目的是让客户感觉，与竞争对手相比我们的专业度更高、服务体验更好，所以在与客户合作的过程中要管理客户的期望值。首要任务是提升合同质量，在受理客户问题后，首先要把客户的合同找出来，明确这是包含在合同的服务内容以内的问题，还是合同以外的附加服务？现在的市场环境与早年大不相同，我们已经进入商业信用社会，客户越来越看重服务承诺，答应客户的事情做不到比不答应客户更糟糕。很多企业对于合同质量的重视程度不够，专业度也不够，合同签得模棱两可，为后续服务留下巨大的隐患。

客户满意度改进

基于公司的战略要求以及客户的选择与分级，结合客户满意度调查的外部评估结果和内部分析总结，会输出各个区域、各个等级的客户期望和待改进问题作为驱动各体系、各流程变革的外部输入。唐朝名相魏征曾说："以铜为镜，可以正衣冠；以人为镜，可以明得失。"企业进行客户满意度调查的目的不仅是发现和解决客户的问题，那只是治标的方法，客户满意度调查还是企业通过客户体检自身的方式，企业往往对自身的问题浑然不觉，而客户作为被服务的对象会更加直观地感知企业的问题。通过客户满意度调查发现企业的问题，并对问题的优先级进行排序，可以帮企业在以下三个方面形成客户的价值感知差异。

- **产品方面：**通过客户满意度调查了解客户对产品稳定性、易用性、结构与工艺、产品功能、安全性、包括技术资料等的基本需求是什么？客户的想法是什么？与竞争对手相比，我们有哪些亮点与不足？将这些问题的答案作为下一步改进的方向，而不是闭门造车，盲目追求创新。

- **服务方面：**在售前服务阶段（技术方案设计、投标、合同签订），企业与客户的沟通渠道是否顺畅？产品宣传资料内容是否详尽？解决方案是否合理且恰当？销售人员的业务水平是否符合客户期望？在售中服务阶段（供货、安装、现场培训），工程计划制订得是否合理？供货、安装、工程质量、客户现场培训是否满足客户的期望？在售后服务阶段（问题处理、技术支持、备件支持等），问题处理与技术支持是否及时、准确？客户如何评价企业提供的备件支持、集中培训、有偿服务等？

- **品牌方面：** 品牌要素包含诸多方面，如品牌知名度、行业排名、企业发展潜力、科研开发能力、品牌溢价能力等，企业可以通过与主要竞争对手进行对比，计算品牌满意度综合指数，明确品牌价值的差距，进一步提升品牌价值。

提升客户满意度十分复杂，要针对不同客户群的需求，提供实现其业务需要的解决方案，根据这种解决方案开发出相应的优质产品并提供良好的售后服务。只有提供低成本、高增值的解决方案帮助客户，客户才会持续购买我们的产品。

第 6 章

客户档案管理

客户档案是企业重要的信息资产，管理不善会导致客户响应不及时、客户服务质量下降，甚至员工携带客户投向竞争对手的情况。客户档案的问题常表现为客户信息不完整、客户信息不真实、客户信息不能及时更新等方面。客户信息管理究竟难在哪里？主要体现在以下 3 个方面。

- **信息获取难。** 客户信息的获取无法由一个人或一个部门独立完成，而需要公司的多个部门共同参与。只有分散获取信息的渠道，才能有效地交叉验证信息以保障信息真实可用。同时，应从稳定并可持续的信息来源获取信息，这样才能及时发现客户的变化，刷新客户的信息以维持它的可用性。这些都需要企业有相应的流程或者制度作为保障，从而驱动众多资源维持组织活动的持续运转。

- **信息使用难。** 客户档案需要经过信息收集、分析、分发、应用、闭环回顾一系列的过程，才能持续产生价值。信息收集只是入口，进入的信息呈碎片化，残缺不全且有真有假，它们需要经历专业化分析才能转换为有价值的资产，因此需要结构化的客户档案来支持企业对信息资产的管理。

- **利益是核心。** 客户档案的建立与完善会触及企业中某些人的利益，这是问题的关键点，因为改变一个人的利益比改变他的思想还难。一直以来，行业默认销售人员所掌握的客户资源是销售人员的核心价值，这也是销售人员和公司提条件，讨价还价的底气。为什么那么多公司喜欢投入大量成本去挖竞争对手的金牌销售人员呢？有很大一部分原因是看中了他手中的客户。本地员工会把自己的客户看得很牢，视若珍宝，不允许其他人接触，我在海外遇到过一个当地客户经理的主管去见了这个客户经理的客户，这个客户经理就越级向代表处的代表投诉的事件。她为什么这么激动？因为如果销售人员的客户资源被公司掌控了，就意味着她随时可以被替换，这给她带来非常强烈的不安全感。

客户档案是客户关系流程运转过程中不断沉淀下来的信息资产，它反映了企业对客户的需求与其对客户价值持续、深入的理解。客户档案包含两个子档案，一个是客户企业档案（Customer Profile，CP），另一个是供应商档案（Vendor Profile，VP）。对于客户档案的建立与使用，应当重点关注客户企业档案的结构化分析方法，以及分析它会带来哪些收益。

客户资产由员工所有
变为由公司所有是一个挑战

    华为在发展过程中也出现过问题。早年的市场成功造就了一批骄兵悍将，所以山头林立，渐渐出现了各种浮躁心态，这导致华为的管理体系失控，决策下行渠道堵塞。1996 年出了一件事，当时北方电信五省招标，这对华为是极具吸引力的好机会，公司要求必须竞标成功。各省的销售代表也纷纷立下"军令状"——一定为公司拿到订单。但是招标结果令所有人大跌眼镜，华为交了一张白卷——一单也没拿到。任总大怒，要把这 5 个省的销售代表免职。但是这些人都是有些能力的员工，在公司文件还没有正式下发时，突然有一天任总接到了其中一个省客户建设部主任的电话。客户对任总说："任总，你们华为在我们省的这位代表，一直为我们提供了很好的服务，对我们的需求也理解得很深刻，你们不要换他。如果你们换了他，那我们就不买你们的设备了。"

    任总放下电话以后，找来了孙亚芳和中国人民大学的彭剑锋教授喝茶，谈起了这件事。任总首先为这件事定了调，他认为此风不可长，如果企业被员工要挟过一次，那么以后大家都会要挟企业。任总请彭剑锋教授和其他几位中国人民大学的教授帮华为梳理了一部《华为基本法》，这是第一部中国企业自己制订的企业内部法，企业对此投入了大量资源，但是任总认为很值得。任总说过，《华为基本法》制定完以后，就可以扔进垃圾桶了，关键在于制定的过程，华为通过这个过程让管理层统一思想，知道华为要成为一家什么样的企业，华为倡导什么，反对什么。如果大家认同就一起努力，如果不认同就请离开。王阳明的心学讲求知行合一，仅仅统一思想还不够，还要有行为。孙亚芳当时主管国内市场，她提出，自她开始，市场体系所有中层以上干部，必须向公司同时提交两份报告：一份是辞职报告，另一份是竞聘报告，愿意接受公司挑选，到公司最需要的地方去。这就是 1997 年华为著名的"市场部集体大辞职"事件。

总结一下华为最终如何解决了这个问题，从道和术两个层面来看，道的层面是，如何解决公司与员工利益冲突的问题？无须讳言，公司想把客户信息收归到公司，这是出于两方面的考虑，一方面，是希望员工的变动不会导致客户的流失，这是一种防卫心态，是一种自我保护。员工的辞职不能伤害公司的利益；另一方面，如果公司掌握了准确、完备的客户信息，对于公司而言，销售人员的价值确实变小了，因为他变得可以被替代，至少替代成本下降了。这就意味着员工在公司的话语权变小了，变弱势了。公司的管理无论合理还是不合理，销售人员均无力抗争。甚至有些公司会想办法降低或者变相降低员工的薪酬，因为觉得员工没那么大价值了。所以希望大家理解，管理客户资产这件事的难度不在于它很复杂、很难管，它的核心阻力正是来自员工，因为这会触及一部分员工的利益。

帮助企业建立和完善客户信息资产，销售人员的利益就会受到损伤。那在管理过程中需要解决的就是，当员工愿意放弃一部分利益时，他会得到什么回报？如果企业不能回答并解决这个问题，就会把整个销售组织都推到企业的对立面。那么，企业应该怎么做？华为的做法是为销售人员规划出更广阔的职业发展通道，以吸引、争取销售人员中的佼佼者成为企业的同路人，和企业一起推动整个销售组织的改变。通俗地讲就是，"团结一部分人，去影响另外一部分人"。

华为能够做到这一点，得益于行业发展给予华为的红利，以及华为对成长速度的追求。在1998年的《不做昙花一现的英雄》一文中，任总提到了对企业成长速度的要求：没有合理的成长速度，就没有足够的能力为员工提供更多的发展机会，从而吸引更多企业所需的优秀人才。人才的发展也有马太效应：当企业经济效益较好时，就能支撑更多的人才的加入，更多的优秀人才进入华为后，在较高的管理水平的影响下，会尽快地成长起来，创造更多的财富。更多的财富支撑更多人才的加入，使企业管理持续优化。这样，企业就有了持续发展的基础。企业的高速发展使企业内出现了大量的管理岗位，而为企业做出过卓越贡献的员工都有机会走上这些管理岗位，价值评价体系遵循马太效应，能够给公司带来更多收益与市场的员工也会得到更多，而故步自封、不思进取的员工，连原有的利益也留不下。因此，销售组织内出现了分化，一部分优秀的销售人员走上管理岗位，而管理的职责要求他们必须与公司立场相同，因为公司的利益和他们的利益是一致的。华为非常认同管理的价值，管理者貌似没有直接创造价值，没有直接去签单，但是他们的管理行为，让组织的协同效率大幅提升，其创造的价值并不亚于直接签单，甚至会更大。所以华为的管理岗位到了一定层级以后，每再升一级，收入就会倍增，因此大家对管理岗位趋之若鹜，努力工作，以期获得晋升。

我离开华为后，接触过很多公司，发现很多公司把事情做反了，把升职和赚钱变成了二选一的选择题，升职以后，收入反而会下降，所以很多优秀的员工不愿意升职，宁可在一线做业务。每次提拔一个干部，需要老板反复沟通、软硬兼施，让对方不得不答应。这样提拔上来的干部怎么能有效履行职责呢？明明加薪可以解决，为什么要把事情变得这么复杂？是因为他们对管理价值的轻视，或者是没有找到如何让管理产生价值的方法。

客户档案建立如何做？华为采用的做法是"机制倒逼能力"，也就是先明确组织运作的机制，然后倒逼组织形成能力。华为一直避免员工与客户之间产生过深的关联，因为客户是企业的资源而不是员工的资源，为此，华为建立了两个特别的组织运作机制。

- **营销体系的员工不允许本地化**。除了华为，销售员工不允许本地化的公司我还没遇到过，因为允许销售体系的员工本地化可以带来两大好处：一是员工稳定性高；二是可以降低人员成本。华为为什么不这么做？因为华为同样看到了销售体系本地化的两大弊端。第一，销售组织是与公司利益相关性最强的部分，利益涉及面很广，容易出现问题。如果本地员工在当地有很复杂的人际关系和丰富的资源，那么他侵占了公司利益时就很难处理。在市场经济的早期，法制还不完善，打官司有地方保护主义，因此公司耗费大量资源与精力的同时效果也不令人满意，隐性成本很高。第二，销售人员的家在本地，一定会消耗销售人员的精力。特别是有家庭、有孩子、有老人的销售人员。华为早期实行销售员工非本地化政策时并没有"一刀切"，而是用薪酬拉开差距，也就是本地的员工在薪酬上会比异地的员工低 20%，可是效果不好，很多人宁可少拿点儿钱也愿意守着家，公司无计可施，就统一要求不允许营销体系员工本地化。

- **营销体系全员轮岗制度，营销系统员工每四年要轮换岗位。**为什么要轮岗呢？原因有三：第一，员工与客户接触过久，利益关联过深，客户可能会只认可他而不认可公司。第二，客户会出现审美疲劳。双方太过熟悉，彼此知根知底，客户的引导难度加大，企业的意图很容易被客户发现。第三，员工容易出现倦怠心态。心理研究证明，当一个人对一件事情十分熟悉时，就容易出现倦怠心态。那在什么情况下，人的工作状态和质量最好呢？答案是对一件事将熟未熟时，这时人会打起十二分的精神去对待，这样的工作质量最好，而且个人也会有所提升。

华为的营销员工异地化和营销轮岗制度是华为可以把客户资源收归公司的重要原因。站在员工角度来看，客户资源是带不走的，人走茶凉，既然工作岗位会轮换，员工执着于客户就没有意义，除非你离职；对组织而言，因为公司强制要求轮岗，组织必须做好客户信息的管理，否则轮岗来的员工无法顺利承接工作，会影响组织的绩效。华为的方法不一定适合每一家企业，但是它解决问题的思路的确可以借鉴。

客户企业档案

激烈的市场竞争要求企业用换位思考的方式，站在客户的视角去理解、分析、思考客户，全面分析企业的价值大小、发展潜力、行业市场空间、风险等。

客户概要

整个客户企业档案结构符合麦肯锡金字塔原理，以总论与概要部分为开篇，可以让档案使用者在最短的时间内了解档案的核心内容，比如客户的等级是 S 类还是 A 类客户，分析思路以及档案结构见图 6-1 所示。

客户行业环境和竞争分析

分析企业所在的外部环境采用的分析模型是战略制定 VDBD（价值驱动业务设计）工具中的五看模型（看宏观、看行业、看客户、看竞争、看自身）。2002 年，华为引入 VDBD 工具帮助公司进行战略规划。后来，有一家公司把 VDBD 方法论买断并将其优化为 BLM 模型。华为在 2006 年将战略规划工具替换为 BLM 模型，并沿用至今。之所以仍然采用 VDBD 工具作为客

```
1  客户概要                          5  客户组织
2  客户行业环境和竞争分析                 5.1 组织结构概述
   2.1 宏观环境                        5.2 采购决策模式和流程
   2.2 行业动态                        5.3 小结
   2.3 客户竞争环境
   2.4 小结                       6  客户SWOT分析与总结

3  客户战略和痛点                    附录
   3.1 战略分析和业务诉求               A. 公司高层档案
   3.2 CEO的关注重点                  B. 业务细分小结
   3.3 业务战略                      C. 客户年度关键事件日历
   3.4 公共关系战略                   D. 客户业务网络的详细信息
   3.5 客户的痛点                    E. 国家分析
   3.6 小结

4  客户财务分析
   4.1 财务绩效
   4.2 客户财务开支分析
   4.3 小结
```

图 6-1　客户档案目录

户档案的外部环境分析工具，是因为要与战略分析工具保持一致，因为这部分的分析结果是战略规划的前端（市场洞察）最重要的部分（客户洞察）的重要输入。

1. 宏观环境

一般来讲，企业的宏观环境是指客户所在的国家或地区的社会环境、政策法规等。比如对于全球化的企业，企业会关注新拓展客户所在国家或地区的政局稳定性；会关注汇率的稳定性，它决定了企业是接受本币付款还是只要美元；会关注法律法规，如客户对海关、税务、劳工法是否有特殊要求，这些因素影响到企业的运作成本，比如是否需要在本地建工厂生产，员工本地化的比例，等等。即使在我国，不同省份也会有不同的地方性政策法规，比如对安防、环保的不同要求。很多企业觉得这部分内容很难写,一线的销售人员也不知道如何分析,所以容易将此事推给总部,让总部的市场分析团队来处理,实际上这个洞察必须由市场前端,也就是最贴近客户的团队来完成,因为他们对变化的感知最敏感,变化对他们的业务影响也最直接,所以他们不能将此事都推给总部,因为总部离得太远,信息的真实性和及时性都很难保证。

2. 行业动态

企业需要知道客户所在的行业是不是风口行业,因为这决定了我们采用的战略。比如,华为所在的电信行业属于长赛道行业,华为用了30多年才走到行业的顶部。任总的发展策略相对稳健,既不追求规模的最大化,也不追求利润的最大化,而是追求一定利润水平上的规模最大化,这个一定的利润水平可以确保华为有资源、有能力在研发以及企业管理上持续投入,越发展越好。这种发展策略和电信行业的特点是有关系的,电信行业的运营商都是巨无霸企业,发展相对稳健而且内部管理相对规范。如果处在互联网行业,这种市场发展策略可能就过于保守,互联网行业的特点是快鱼吃慢鱼,机会稍纵即逝。他们一定时期内追求的是规模最大化,跑马圈地,拓展更多的客户和拥有更大的市场份额,暂时不考虑利润。所以在客户身上的投入可能会大于产出,比如采用补贴措施、广告投入等,这就是所谓的"烧钱"。

3. 客户竞争环境

客户在行业中所处的位置是居于头部还是居于中游?主要竞争对手是谁?总体竞争态势处于优势还是劣势?目前是进攻方还是防守方?市场分布

情况如何（粮仓、胶着区域、空白市场）？与主要竞争对手的价值客户差异、产品差异、技术差异、服务差异、成本差异、资源差异和管理差异等。

4. 小结

基于对企业外部环境的综合判断与分析，应该简明扼要地提出对市场的判断，比如客户所在的行业迎来了一个难得的机会。如果客户抓住了，就有可能实现弯道超车，提升或者巩固自己的行业地位。学习华为的经验不能生搬硬套，比如华为采用的"五看三定模型"其实对很多行业并不适合。华为采用的工具与它的行业和企业相匹配，因为电信行业的总体发展趋势比较确定，是各大巨头博弈的结果。也就是谁的实力强，谁就能在一定程度上决定未来，比如前几年炒得沸沸扬扬的华为与高通5G标准之争，在这种行业，强者可以影响未来，因此这个行业可以使用全面的、深入的、综合的分析，因为在"五看"的这5个维度（宏观、行业、客户、竞争、自身），企业都有能力去影响。但是，如果处于一个群雄割据的、混战的行业，比如互联网行业以及它的细分行业，就不能用"五看"这种方法，因为还没等你分析完，外部的环境已经发生了变化，你的分析就会失效。因此，我的建议是：分析客户的外部环境时必须结合企业所在行业的特点（比如互联网企业更喜欢敏捷战略，基本上是基于假设、验证、修正的闭环快速迭代、快速试错），必须与企业战略规划中使用的分析工具一致。

客户战略和痛点

对企业发展而言，外因很重要，内因也很重要。企业分析客户的战略，是为了寻找客户发展的内在因素，评估客户发展的潜力，从而判断客户的价值。

1. 战略分析和业务诉求

客户关系的最高境界是构建战略伙伴关系，基于对客户的战略分析发现与选择企业的战略客户。战略的核心价值不在眼前，而在未来，在于客户对未来发展的设计。需要知道客户是不是有追求、有格局的企业，值不值得合作和投入。即使客户企业现在的规模还很小，但是潜力无穷。比如同样是看到秦始皇出巡，刘邦说："大丈夫当如是也。"项羽则说是："彼可取而代之！"这两位都是有大志向的人，所以虽然两人当时都处于"创业"初期，但仍旧吸引了很多人才。客户战略分析的第一重要求是了解客户的真实想法。这需要比较紧密的客户关系连接，特别是需要高层客户的支撑，这样才能全面深入地了解客户的战略意图；仅仅了解客户的想法还不够，因为客户想法中存在主观性，比如将未来设想得过于美好，过于理想化。

因此，战略分析的第二重要求是能够影响客户的战略制定，帮助客户设计未来，因为只有志同道合的伙伴才能走得长久。如果客户的战略与我们的战略相差甚远，而我们又无法影响他，那我们就不得不放弃这个客户，道不同不相为谋。比如华为的客户是运营商，但是突然有个客户改行去做房地产了，那华为还能与他合作吗？华为是不会这样做的。"入对行，跟对人"，这句话对个人和企业都适用，要永远和成功者为伴。分析客户战略的目的是评估客户对企业的价值，分析客户业务诉求的目的是建立企业对客户的价值。客户未来为什么会持续选我们？华为以客户为中心的理念的价值正是体现在这里，客户基于未来的战略规划所需要的产品、解决方案、服务等，并不是现有的资源与能力就能完全满足的，所以企业的产品与技术、人才、管理水平等，必须要能满足客户未来的要求，这样才能持续巩固与客户之间的战略同盟。

2. CEO 的关注重点

客户的组织庞大，人员众多，会涌现很多想法和需求。没有人能满足每个人的需求，所以要抓大放小，抓主要矛盾和矛盾的主要方面，准确把握关键人的脉络。比如 CEO，他的需求就是靶心需求，高价值需求。CEO 是企业的核心，他就像一艘船的船长，有左右企业发展方向的能力。所以在客户企业档案中，需要对 CEO 的关注点单独进行管理，这可以帮助强化对客户战略发展方向的判断能力。很多规模较大的企业、集团、上市公司的 CEO 是任期制的。企业想了解 CEO 的关注重点，首先要关注这个 CEO 会不会连任，如果会连任，他的关注点在不同任期中有哪些变化？按照客户发展的惯性，客户未来会向哪个方向发展？如果 CEO 换人了，新任 CEO 的关注点与原来的CEO 有什么差异？因为 CEO 的更换需要董事会批准，在决定之前董事会要和新任 CEO 沟通，所以新任 CEO 的关注点，也代表着客户企业的战略调整。

3. 业务战略

业务战略是对业务诉求的展开分析。业务诉求是要点，而业务战略是业务诉求的产生背景，客户是基于怎样的业务战略规划产生了这样的业务诉求？这个业务诉求对于客户业务战略的价值有多大？客户愿意为这个业务诉求付出多少成本？业务诉求对客户业务战略实现的影响越大，卖方的议价能力就越高。

4. 公共关系战略

这个与规模较小的企业关系不大，它是指企业对外部宏观环境的影响能力，比如国家的宏观政策、行业格局、技术标准、合作伙伴联盟等。不同企业对于此类问题的战略布局与资源投入程度不同。有些企业具备这样的能力，但所谓"强者创造未来，弱者顺应未来"，中小企业对宏观方面的绝大部分事情无须关注，因为关注了也没用，除非选择不再从事这个行业。就像查理·芒格说的："我们必须接受宏观，但我们能在微观上有所作为。"对绝大部分企业而言，产业链中选择合作伙伴时需要重点考虑的是站队。

5. 客户的痛点

客户的痛点就是我们的机会。客户企业档案的内容由粗到细、由总到分、逐层展开。这个痛点分析就不仅仅是指 CEO 关注的重点了，还是指比业务诉求还要详细的、基于全员营销的，与客户各个组织接触后汇总的客户需求。客户的痛点不会都成为项目，但是所有项目，一定源于客户的痛点。

6. 小结

以上信息都来自客户侧，这些信息都会经过交叉验证以提升准确性，但是要尽可能保持信息的原汁原味，不要掺杂个人的理解。为了保证客户企业档案的质量，帮助开展正确的行动，客户企业档案会经过多轮的评审。真实、准确、详尽的客户信息结合一线客户团队的分析与策略制定，可以帮助企业管理者做出正确的决策。

客户财务分析

客户的战略意图是想法，但能不能实现取决于客户的实力。很多当年辉煌一时的企业的战略布局并不是没有可取之处，但未来的事谁能说得清楚，风险和不确定性是必然存在的。持续分析客户的财务情况，就像每年都应该体检一样，可以发现并识别企业中是否存在风险，以及客户的价值是否像预期的那样大。

1. 财务绩效

财务绩效包含收入、利润、成本、现金流、人均绩效等一系列财务指标，包括近几年的指标变化情况，与同行业竞争对手相比的优劣水平。可以从财务视角判断和评价企业的价值，从而评估企业的管理水平和发展潜力。比如客户企业的人均绩效在同行业中处于领先水平，并且成本控制得较低，这就意味着企业的盈利能力比较好。

2. 客户财务开支分析

这是看客户各部分开支的占比情况。分析客户财务开支可以增强对于客户战略的理解能力与把握能力，因为战略需要全面预算管理的支撑。通过开支情况，可以理解什么是客户的战略重点，与企业的相关性有多大。有一些企业的预算管理比较乱，花钱比较随性，与战略规划的关联性弱，这说明客户的管理存在脱节现象，战略规划的落地情况不好。如果是这样，就不能过于依赖客户向我们传达的战略意图开展行动。如果客户的收入不能与支出平衡，那么资产负债率就会上升，财务风险也会上升。

3. 小结

客户的企业档案并不会由一线的销售团队独立完成，比如客户的财务分析由财务组织协助一线的销售团队完成。因为分析客户的财报与获取客户的其他财务信息，会让企业对客户的财务绩效、财务开支有准确、客观的了解，而这是财务组织的专业能力。财务组织需要站在一线的视角发现问题、揭示风险，给出专业性的建议，协助一线完成市场策略的输出，比如商务策略、实操方法，包括如何控制风险等。

此外，财务组织需要通过分析客户的财务状况、客户与企业的历史合作情况、客户与其他企业的合作情况，以及其在银行的资信情况，输出客户的财务信用等级，比如划分为 A、B、C、D 等，不同的等级预示不同的财务风险。各个商业机构都很关注客户的商业信用，如何划分等级呢？企业内部财务组织有统一的系统，会记录客户在各个时间、各个区域的交易情况，如果客户出现坏账、超长期货款的情况，就会影响其信用评分。而且财务部门也会与合作伙伴共享数据，了解客户在其他厂家是否存在财务违约的情况；还有一种情况就是与银行合作，银行也关注客户的信贷风险，所以银行也有自己的风险控制评价体系，同时银行也希望能得到相关客户的财务资信信息，以完善自己的风险控制，所以银行也会与其他组织交换数据。

客户组织

分析到这里，终于到了销售人员喜欢并且擅长的领域——分析客户的人、分析客户的组织、分析客户的业务流程。前文分析客户的主力是市场的技术团队，这在华为叫作解决方案团队，他们在必要时还需要企业给予支持，销售人员在分析过程中重点发挥收集信息、牵线搭桥的作用，让专家有机会拜访客户的相关领导。但是客户的组织分析是由销售人员主导的。有些销售人员觉得前面的分析很麻烦，能不能不分析客户的业务，直接分析客户的组织，寻找合作机会？因为市场上其他企业都是这么做的。持续深入地分析客户的业务，是为了支撑公司做出正确的决策：这个客户值不值得做？值得投入多少人去做？如果客户价值小而投入很多资源，就会造成资源浪费；如果客户价值大而投入的资源不够，未来的仗我们就打不赢。

1. 组织结构分析

组织结构分析一般包含两个部分：第一，客户的总体组织架构分析；第二，与客户有合作业务的相关客户部门组织结构分析。有些人会对此感到疑惑，我只是客户的小供应商，为什么要关心客户的总体组织架构，我只维护客户与我做生意的业务部门的关系不行吗？

这样做的原因有两个，一是，客户的组织不是孤立的，组织与组织之间有权力的相关性和业务的相关性，了解客户组织架构有助于对突发情况进行判断和预防，帮助判断如果有风险，最有可能出现在客户的哪个部门？二是，业务会成长，当业务成长了，那时需要连接的客户可能就要突破原来的部门，那么增长的业务会涉及客户的哪些新部门？想要回答这个问题，就需要对客户组织总体架构有所了解，对有密切合作关系的部门的组织架构进行分析，需要关注的重点就是不能局限于现有业务。组织梳理与客户关系拓展要支持战略目标的实现，即通过对客户的战略分析发现新的机会，与新机会相关的组织架构都要提前进行梳理。

2. 采购决策模式和流程

客户关系规划中提到过，客户的采购决策模式和流程与客户的业务场景是相关的，客户关系规划工作需要客户企业档案的信息支撑；而规划完成后，刷新后的客户业务场景、采购决策模式、流程又会被客户企业档案记录。华为是先分析客户的业务，再审视客户的组织，因为业务需要组织来承载。持续深入地分析客户的战略与客户的发展前景可以让目光不局限于眼前的机会，而是站在客户合作伙伴的视角，思考如何帮助客户实现它的战略未来，思考我们与客户未来的合作领域与合作模式，这样审视后的组织、采购合作模式、业务流程，适应性相对就会更宽泛、更长远。

3. 小结

分析客户组织结构的变化、采购决策模式和流程的变化，理解变化背后的原因，以及会对企业产生什么影响？预判客户的组织、采购决策模式和流程未来还可能发生怎样的变化？了解这些事情有助于提前调整客户侧的人员分配，更好地匹配客户的变化，支撑公司的业务开展。比如在通信行业，运营商采用集团统谈、各省分签的模式，各个省公司的采购决策权力极大地被压缩，集团的重要性变大了，这意味着我们要提升客户在集团层面的客户关系。

客户 SWOT 分析与总结

基于对客户内外部情况的全面了解，站在客户的长期合作伙伴、顾问、教练的角度，你如何看待客户的优势、劣势、机会和威胁？你对客户有何建议？最核心的是，企业能为客户的未来做些什么？基于对客户未来发展的判断，企业的价值是什么？客户对企业的诉求是什么？要把企业作为客户未来战略规划中外部资源的一部分，而这一点往往是客户容易忽视的。所谓益者三友：友直、友谅、友多闻，我们要成为客户的益友。客户的信任以及客户的黏性建立在为客户带来价值的基础上，不能带来价值的客户关系会非常脆弱。对于客户的 SWOT 分析不能靠空想，而要通过走访大量的客户、与客户交流互动，与客户的决策层确认对客户企业的看法、想法并取得对方的认可得到。

总结：我们通过对客户的 SWOT 分析明确自身的价值，寻找增强客户黏性与构建客户战略控制点的方法，以便与客户结为长期的合作伙伴。在总结部分是要明确客户对我们的价值是什么，客户属于 S 类客户还是 A 类客户？判断客户未来的价值是会变大还是会变小？应当采取什么行动？客户关系管理流程的第一个部分是客户洞察与客户选择，而第一个部分使用的工具就是客户档案。客户档案的作用是承接以前的工作，我们以客户档案的信息为基础开展工作，工作中所有的信息变化也要及时在客户档案中更新。

客户企业档案附录

除了客户主档案，附录部分作为主档案的补充，可以让我们更全面深入地了解客户的情况，下面简单介绍一下附录部分。

1. 公司高层档案

为什么客户高层档案属于客户企业档案的附录？因为对客户个体的关注度取决于客户企业的价值，而客户高层代表的就是企业。当然，如果客户的企业价值比较小，比如客户企业按照客户分级属于 B 类客户或 C 类客户，就不建立他的客户企业档案，因为建立和维护客户企业档案的成本很高，对于低价值客户没必要如此。原则上还是基于投入产出比，即管理成本不能大于管理收益，所以对于低价值客户，维护关键客户的个人档案就足够了。客户的高层档案分为两个部分，第一个部分是关键客户清单，这就像资料的目录或索引，是支撑客户组织架构分析的基础数据；第二个部分是关键客户清单中某个具体客户的详细信息，叫作个人明信片。每个关键客户都有一张个人明信片，客户个人明信片数据结构是汇集大量优秀客户经理的业务实践的经验，去粗存精，又经过业务反复验证后的成果。从结构上来看，个人明信片可以展现客户 5 个维度的信息。

- **个人基本信息：** 属于通用信息，如性别、年龄、教育背景、家庭住址、家庭成员信息、兴趣爱好、宗教信仰、有无特殊的禁忌等。

- **个人发展履历：** 记录客户的组织信息，比如客户参加工作以后，在客户组织中历任哪些部门的哪些岗位？部门变化与岗位变化的原因是什么？与公司哪些部门的关系比较好？与公司哪些个人的关系比较好？特别是他与公司的哪个领导关系比较好？很多企业存在山头、派系、站队的情况，了解这些信息，是希望知道他在组织中的发展潜力和机

187

会如何，要了解客户现在的位置，以及他的下一个管理岗位可能会在哪里。

- **项目信息：** 需要了解客户参与或者决策的与企业相关的项目。客户在项目中对我们的态度如何，是支持还是反对？企业当时的竞争对手是哪些厂家？客户的态度会根据对象的不同有所不同，对手不一样，客户的态度可能也会有所差异。跟踪项目信息是为了了解客户和哪个厂家的关系比较亲密，这样在下一个项目中再遇到相关厂家时，就可以预判客户会持何种态度。

- **客户的痛点表：** 客户的痛点就是我们能为客户带来的价值，也是客户关系拓展的切入点。在客户的痛点表中，除了要记录客户的个人需求，还要记录客户在职业发展方面的需求。一个优秀的客户经理要做个有心人，好记性不如烂笔头，随时带个本子，及时把收集到的信息记录下来，有时候客户一句无心之语，却是转变工作局面的契机。

华为早年拓展尼日利亚市场时，困难重重，客户不了解中国，更不了解华为。当时负责拓展市场的客户经理叫李军，被客户拒绝了无数次，给客户的资料被客户高层直接扔到地上，甚至让门卫把他拖出门去，连5分钟的讲解时间都不给他。这位经理也很绝望，他对着一棵非洲特有的面包树喊道："一棵树在非洲都能活下去，难道我就不行吗？"终于有一天，他在数次被拒绝后，听到有个人问客户："你女儿的婚礼是哪一天呀？最近很忙吧？"客户回答："非常累，是下个周六，你一定要早点儿过来！"李军打听到客户的家住在某一个村庄，比较远，他提前准备好礼物，带着本地的客户经理一起去给客户的女儿送上祝福，结果遇到大雨，汽车半路抛锚，李军和本地的客户经理跳下去推车。等他们赶到客户女儿的婚礼现场时，婚礼已经到达高潮，这两个浑身湿透、沾满了泥的人吸引了全场的目光。李军在大家的注视下走到新娘面前，递上精心准备的礼物，并送上新婚祝福：新婚快乐。他不请自来的举动打动了客户，来自遥远的东方客人的祝福，让客户感受到了尊重，客户热情地把李军介绍给在场宾客：这是来自中国华为的客人。就这样，华为与客户的合作迎来了第一道曙光。

- **常见困惑：**对于客户档案的建立，一般的企业会有两个困惑。

  第一，客户信息要不要录入系统。很多企业在管理信息安全方面的能力比较薄弱，担心在将信息录入系统后，如果企业对权限管理不善会导致信息泄露。那正确的做法是什么呢？客户关系拓展存在一定的方法，有些信息很敏感，比如客户的痛点需求，这些信息一旦泄露，客户的感知就会变得很差，所以只有脱敏信息才可以进入系统。敏感信息由主管和员工双备份，因为这些信息主要是为了一线员工更好地开展工作，录入 IT 系统中并无意义，而且徒增风险，没有必要。

  第二，普遍客户信息要不要建立档案。前文讲过对于高价值客户要进行全面客户关系管理，普遍客户关系、关键客户关系、组织客户关系要均衡发展，那么需要建立普遍客户的档案吗？答案是不需要。

因为普遍客户关系的核心是要覆盖所有与企业业务相关的部门，但是对于客户部门的人员而言，普遍客户关系涉及的点很多，可选择面比较广，都建立档案的话，相关人员无法承受这么大的工作量。客户部门的人员主要的工作职责还是由客户主管与员工基于业务需要灵活把握，只要能完成业务要求就可以，比如收集信息。但是对于普遍客户关系中的那些特殊的人，那些在普遍客户关系规划中被定义为"明日之星"的人，要建立他们的个人档案。企业要将这些人作为预备关键人士进行管理，但是他们的信息可能不需要像关键人那样完备，可以基于这个人的价值逐步完善。

2. 业务细分小结

当选择聚焦大客户的战略后，提升人均效率的一个非常有效的方法就是满足大客户的多种需求。比如客户以前只在我们这里买早餐，现在早饭、中饭、晚饭都在我们这里吃，那么对我们来说，这个客户的价值就变大了。延展分析客户业务的细分领域对于企业而言是在发现新的细分市场，这可以在原有的产品与服务基础上发现新的机会，为产品开发、服务整合、资源与能力建设提供方向，企业才能够实现以客户为中心的理念。这部分的分析结果是供应商档案中客户需求分析的重要输入，客户具体需求要根据业务细分领域展开。

3. 客户年度关键事件日历

客户年度关键事件日历会记载客户企业标志性的、里程碑式的历史事件。

比如客户企业领导来企业视察；客户企业取得了重大科研突破；客户企业与某一知名企业（例如苹果公司、特斯拉公司等）结为战略伙伴联盟；客户获得某一重要领域的资格认证；客户的董事长获得重要奖项，等等。记录这些事件有什么用处呢？这些往往是客户，特别是客户高管引以为傲的事情。如果对客户企业的变化如数家珍，就表明对客户的关注度很高。尤其是客户里程碑事件中，有哪些是和你正在交谈的客户有关的，你说给他听时，客户就会获得极大的尊重感和满足感，从而迅速拉近双方的心理距离。

4. 客户业务网络的详细信息

是指跟踪客户对我们及竞争对手的产品使用与服务体验，即客户业务网络的详细信息。比如，客户用得好不好？客户的使用感受怎么样？不同行业关注的内容会有差异，比如通信行业，会关注客户的用户数量、网络覆盖、基站数量、产品的版本、客户遇到的问题等。详细分析客户业务网络的信息是为了帮助客户发现和查找问题，比如，对于华为而言，如何提升客户网络的服务能力与服务质量就是新的机会。

5. 国家分析

如果是跨国企业，这个部分主要记载市场对应国家的一些信息。比如这个国家的政局稳定性、经济发展稳定性，与政策、税务、海关、劳动法规等相关的资料。客户企业档案的第一个部分是宏观洞察，而洞察引用的参考资料、洞察依据就来自国家分析。对于市场的洞察一定要在最贴近市场的地方开展，不可能身处中国洞察尼日利亚，那样洞察得出的结果一定是不够真实的。这些信息对制定战略以及具体的业务规划、业务运作管理都有参考价值，也具有指导意义；如果是市场集中在国内的企业，国家分析可以要求各个区域团队记录各个省份的地方性规定，比如对产品的规格要求、资质要求、环保要求等，企业的合规经营需要关注国家政策在不同市场的差异。

供应商档案

供应商档案是客户档案另一个重要的部分。客户的企业档案要求站在客户企业的角度，思考客户未来的发展，是向外看；而供应商档案是指站在客户企业的角度，判断其在发展的过程中选择什么样的合作伙伴和供应商会成功的档案，是向内看。客户企业档案与供应商档案是对同一个客户不同角度的分析。注意，这两份文档是在分析同一个客户，比如公司的战略合作伙伴是苹果公司，那么客户企业档案就是分析苹果公司未来如何发展。而供应商档案分析的是苹果公司在发展过程中会如何选择供应商？怎样做才能让苹果公司持续选择我们？供应商档案其实是在将在争取客户前所做的竞争分析具体化、详细化。供应商档案目录见图6-2。

供应商总体分析

这一部分主要介绍客户与公司业务领域相关的供应商总体情况，比如客户选择了几家供应商？各个供应商的份额如何？谁是主要的供应商？各自产品的优势领域是什么？这是对后面的内容的要点提炼，可以让我们在档案的开始就对客户中的竞争情况有总体的认知。

1 供应商总体分析	4 运作能力分析
1.1 竞争态势	4.1 客户满意度
1.2 客户对公司和其他	4.2 交易质量
主要供应商的感知	4.3 服务和交付
1.3 小结	4.4 营销活动
	4.5 政府和公共关系
2 产品和服务分析	4.6 组织
2.1 价值市场	4.7 小结
2.2 产品	
2.3 服务	5 SWOT分析
2.4 小结	6 总结
3 客户关系管理分析	附录
3.1 总体客户关系管理	A. 系统部组织结构
3.2 组织客户关系	B. 在客户中的发展历程
3.3 高、中、基层客户关系	C. 财务历史状况
3.4 关键子网关系	D. 政府和公共关系发展历程
3.5 小结	

图 6-2 供应商档案目录

1. 竞争态势

竞争态势是指客户选择范围内各供应商的竞争状态。竞争态势的分析有两个要点，第一，要明确企业在客户的供应商中的位置。企业在哪里？企业是市场进攻者还是市场防守者？第二，要锁定竞争对手。这个尤其重要，特别是那些行业地位不是特别高的企业，这些企业往往对竞争对手的认知非常混乱，认为客户的所有供应商都是他的对手。这种认知的问题在于，它会使企业的目标不清晰、行动很混乱、资源很分散。客户的价值感知是一种相对性感知，企业所有的优势都需要有一个比较对象才能被认可，和谁比是好的？好在哪里？无论企业面对客户时是主导者还是新进入者，都必须对竞争对手进行锁定。如果企业是新进入者，企业的期望是取代领先者，那企业的挑战就是要取代谁？如何才能取代它？如果公司已经是客户的主要供应商，那么公司的问题就是如何做好防御，如何通过构建竞争壁垒巩固自己的根据地和粮仓。对于竞争对手的锁定要求也很明确，锁定对象最多不能超过两家。这对于一线团队是一个考验，这要求一线团队能够清晰地认知到公司的对手是谁？但这又是必需的，因为公司对竞争对手的分析要持续深入地展开，如果锁定数量太多，就没有足够的资源进行有价值的分析，也就没办法指导我们的行动。

2. 客户对企业和其他主要供应商的感知

这是指要知道客户如何评价企业和企业锁定的主要竞争对手。这个评价不是指某一个客户个人的评价，而是指客户的组织站在采购的价值评价维度，企业基于影响客户采购决策的因素进行的价值分析，这个分析可以了解，改善哪些方面的工作可以影响客户的采购倾向性，从而增加企业的采购份额。

比如品牌，包括客户对品牌的认知度和认可度、有没有实际应用案例（华为的做法是打造示范样板点）；客户关系建设，包括组织客户关系、关键客户关系、普遍客户关系；产品维度，包括功能与性能、与原有技术的互通性及技术演进能力、可靠性、系统解决方案能力等；商务方案优势，包括价格、融资方案、付款方式等；交付能力，包括设备交期、供应稳定性、设备质量等；服务能力，包括服务网点的配置以及配件供应能力等。值得注意的是，客户在各个价值点有选择倾向性，也就是客户更为看重的地方，称之为靶心需求。比如有的客户更看重价格，有的客户更关心服务响应能力，还有的客户关心产品与技术的领先性。在供应商档案中，通过权重标识客户的选择倾向性（见表 6-1）。

表 6-1　供应商档案中的权重分析表

竞争对手	对比维度												
	品牌		客户关系			产品	商务					服务		合计
	品牌认可度	样板点	组织客户关系	关键客户关系	普遍客户关系	系统解决方案能力	融资方案	付款方式	价格	交期	质量	服务网点	配件库	
权重	9	5	9	7	3	20	4	3	8	15	10	5	2	100
我司														
对手1														
对手2														

3. 小结

基于当前在客户中的竞争态势以及客户对企业和主要竞争对手的价值评价，需要分析客户采购方式的变化（是框架采购、集中采购还是各业务单元自主采购）、供应商选择策略的变化（是独家供应还是多家供应），以及随着经营环境的改变，客户对于供应商价值评价标准的变化（成本因素、交付因素、创新因素、服务质量）。客户一定是站在自身利益的视角去思考的，那企业如何影响他们，让客户的选择与企业的利益一致，得到双赢的局面。比如华为是通信行业的后来者，早期市场的高价值客户被西方厂家把持，华为如何破冰？以华为核心网产品的市场拓展为例：华为通过分析客户的业务和核心网的特点发现，核心网设备呈双平面，任何一个网络节点都同时需要两台交换机。通信需求与民生相关，通信中断会导致负面社会影响，所以每个网络节点除了主设备，还要准备一台备份设备，这样一旦主设备发生故障，网络会自动切换使用备份设备。对运营商来说，选择设备供应商的一般原则是

196

不少于两家，要保障每个网络节点的设备不能来自同一个厂家，否则如果设备有问题，两台设备就有可能同时出现故障，对客户来说，供应商过于集中存在供应风险和质量风险；但也不能太多，一般是不超过 3 家，供应商过多会导致管理成本变高，而且将有限的需求分给很多供应商，每个供应商能得到的采购量就会变少，这也会影响客户的议价能力。基于这样的客户采购特点，华为提出 2+1 的市场供应策略，即建议客户在选择供应商时可以优先选择两家其他厂家（当时，其他厂家无论是品牌还是产品技术实力，都处于领先地位），但是可以引入一家中国厂家作为补充（就是华为）。中国厂家的优势是价格便宜、服务质量好，这恰恰是其他厂家的不足之处，通过中国厂家的刺激，给原有其他厂家带来压力，从而使客户成为竞争的最终受益者。

产品和服务分析

产品与服务分析是对客户需求的细分分析，其源头来自客户企业档案附件中的业务细分小结。它让我们全面扫描客户与企业业务相关需求的市场空间，以及可能获取的市场份额。简单说就是，企业通过对客户业务细分的分析知道市场有多大，并通过本章节的分析观察企业能从中获取多少。这个部分，会用到一个非常有用的工具——战略沙盘。战略沙盘是一个实用性非常强的工具，它不但是战略分析的必备工具，还常用于客户分析与机会分析。任总对于战略沙盘的价值评价颇高，说自从有了战略沙盘，华为才能够睁开眼睛看世界。以前企业都是自己和自己比，比如今年比去年增长了 100%，你认为今年做得怎么样？可能大家感觉不错，实际上同行业的其他企业增长了

200%，甚至 300%，事实是远远落后了。所以企业的发展分析需要放到行业中与竞争对手去比较才有意义。战略沙盘的使用非常灵活，可大可小，最小可以应用到每一个具体的客户分析中。如果对每个客户进行分析，可以把客户的信息理解成一块积木，整合所有的信息，就会形成对某一市场的分析，因为市场也是由一个个具体的客户构成的。对有多样化需求的客户而言，分析的价值尤其明显。

　　以一个运营商客户为例，为大家展示战略沙盘的基本用法（见图 6-3）。上图中的横轴体现的是客户对于通信设备的总购买力，包含无线接入产品（也就是基站设备）、无线核心网产品、业务软件产品、光网络产品、数据通信产品等，所有需求加在一起是 100%，这个百分比以购买金额来计算，对通信设备的生产厂家而言，这就是市场空间。客户对不同产品的投资预算不同，

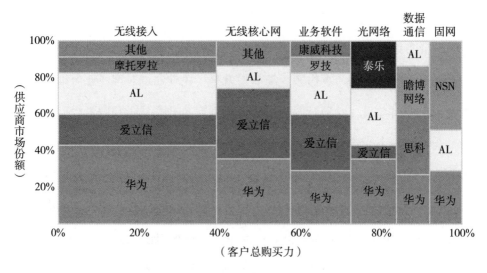

图 6-3　战略沙盘的基本用法（示意图）

对于厂家的重要性也不同，比如客户在诸多的需求中，对无线接入产品的需求最强烈，购买力最强，占总投资的 40% 以上，那么这个领域的需求对厂家的吸引力就不一样了；纵轴体现的是各个厂家在不同产品中的市场份额，我们通过这个维度了解各个厂家的份额占比现状、当前的竞争态势以及在细分业务领域的主导者。比如无线接入产品中，华为的占比最高；但是无线核心网领域，爱立信最强。基于图 6-3，还可以进一步地细分需求。

1. 价值市场

基于对客户战略沙盘的分析，针对客户的多样化需求，研究对企业而言，客户的价值市场是什么？这个价值不仅仅是看市场规模，还要从市场空间、增长速度、利润水平、竞争强度、业务匹配度 5 个维度进行市场称重，从而定义出价值市场。价值市场不一定是企业已经进入的领域，因为价值市场的吸引力大，往往竞争很激烈。所以开发新客户时，很多厂家往往选择"从边缘市场开始渗透，再向价值市场转移"的市场发展策略，这样遇到的阻力和进入的难度都会小一些。深圳有一家企业就做得非常好，他们是生产电感线圈的厂家，号称世界上每三部手机中，就有两部手机使用的是他们生产的电感线圈。他们的产品属于电感线圈中的低端产品，利润很薄，高端产品被其他公司把持，但时代和行业都在不断变化，由于国与国之间的竞争，全球产业链受到了巨大冲击，各国的贸易保护主义抬头，这对产业链中的跨国巨头的冲击更为明显。同时，我国基于安全考虑，居安思危，未雨绸缪，提出以国有产品替代外国产品的重构供应链构想，这对于众多的中国厂家，是向高价值市场转移、弯道超车国际巨头的绝佳历史机遇。对于客户市场格局管理的最终目标是成为客户价值市场的主导者。

2. 产品

这一部分主要是分析客户的细分产品需求与市场空间。战略沙盘中的业务软件、光网络、数据通信等都属于细分产品。对于客户细分产品的分析是希望能看清楚客户的市场空间，明确企业现在所处的位置。比如客户有 6 个细分产品需求，企业已经进入了两个，那下一步应该在巩固现有位置的基础上进一步提高自己在细分领域中的份额，先生存，后发展。对细分领域的深度分析，有利于我们理解市场、发现机会、确定未来几年的业务发展目标。在细分领域立稳脚跟以后，下一步是冲击客户的价值市场，还是先扩散到其他细分领域进一步扩充实力，取决于企业当前的实力、能够给予的资源支持，以及我们下一步将面对的对手是谁。

3. 服务

这一部分是对客户服务需求的统一梳理。服务一直是很多企业忽视的部分，但也是值得探索的领域。服务产品的出现可以使企业与客户的合作界面更大，并与对手形成差异化的价值感知。对企业而言，服务也是一个新的业务增长点，很早以前华为就思考过如何把服务作为产品提供给客户。客户的网络建设需求有限，不可能在给每个用户的家里都装一个基站。如果网络设备都建完了，华为未来如何生存？就像房地产开发商也提供物业管理服务一样，华为也开发了多种服务产品，如客户培训、管理服务、设备代维等。当然，国情不同、行业不同，市场需要一个培育的过程，比如国外的服务业有付小费的习俗，而我国基本上就没有。在很多行业，客户还没有完全建立服务收费的理念，殊不知免费的才是最贵的，没有价值支撑的服务在质量和服务可持续性方面就没有保障，付费服务会促进服务质量得到提升，这对企业和客户都有利。

4. 小结

分析客户的价值市场、产品、服务，是为了帮助企业发现机会。小结部分汇总与确认了机会点，这里的机会不仅仅是指与企业现在的产品和服务所匹配的，还有与企业未来战略主航道相适应的机会点，它是我们制定战略与市场目标的重要参考依据。

客户关系管理分析

客户关系管理分析的目的是实现企业在产品与服务分析中发现的机会，然后按照客户关系规划流程的要求，统筹与规划客户关系工作。分析的要点有 3 个：一是客户的定级。客户是 S 类还是 A 类决定了对客户价值的认知以及公司可以持续投入的资源的数量。二是现状与目标评估。企业现在在哪个位置，要到哪里去。三是竞争对手与客户的关系的进展情况。供应商档案不是写自己的优势，而是写我们与两个最主要的竞争对手的不同之处，以此建立差异化的竞争优势。

1. 总体客户关系管理

客户档案对 S 类、A 类的高价值客户有强制性管理要求，从长期来说，企业必须构建全面的客户关系管理体系，即组织客户关系、关键客户关系、普遍客户关系管理均衡发展。但是各个客户的市场成熟度不一样，关系的建立有一个先后次序。市场拓展早期，企业能投入的人员有限，可能重点把关系放到提升人与人的关系上面，比如以普遍客户关系、关键客户关系为主，再辅以少量的品牌活动增进组织客户关系，因为在还没构建人与人的关系之前，品牌缺乏传递对象，投入产出比不高。总体客户关系分析是在争取当前客户时，企业通过综合比较锁定竞争对手，以便企业全面了解竞争态势，例如企业在普遍客户关系上有优势，但是在关键客户与组织客户关系上存在短板。

2. 组织客户关系

组织客户关系的构建是为了支撑市场的可持续发展，建立和发挥企业的品牌价值与客户影响力。组织客户关系针对不同客户、不同区域能产生的价值也会有所差异，比如在欧洲、美国、澳大利亚、日本等发达国家及地区，组织客户关系的价值更为明显。因此，企业分析某一具体客户的组织客户关系时，需要客观评估组织客户关系究竟能发挥多大的价值，也就是严格按照组织客户关系规划的要求，分三步走：第一步是目前我们在客户侧的组织客户关系的现状、主要的开展形式；第二步是分析竞争对手组织客户关系的水平和特点；第三步是分析目前的短板，这些分析是为后续的改进计划提供信息输入。

3. 高、中、基层客户关系

综合分析关键客户关系与普遍客户关系的重点在于分析人与人之间的关系。在这个分析过程中，会用到一些分析工具。我刚到市场部门工作时，企业在业务中分析客户决策链的工具是"鱼骨图"（见图6-4），工具很简单，基本上哪个部门离目标更近，就意味着更重要；部门中哪个人离轴线越近，说明这个人在部门中的权力越大。

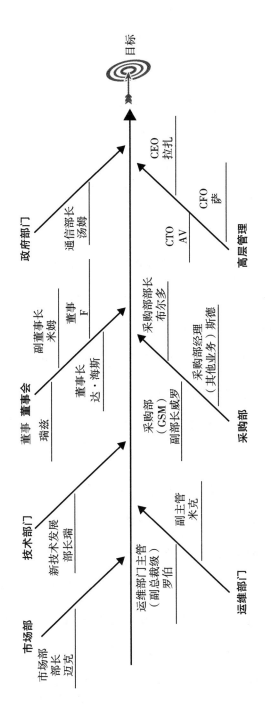

图 6-4　鱼骨图的应用

填写要求：
1. 鱼骨图中越靠近目标的决策链客户越重要，决策链客户中越靠近轴线的越重要。
2. 一定要标出鱼骨图上的决策人物的职务和姓名。
3. 鱼骨图中的决策链前10位关键人物，要与"客户关系评估表"中的前10位关键人物一致，并用红色标示。

2008 年以后，企业把客户决策链分析工具改为"权力地图"（见图6-5），与鱼骨图相比，权力地图能够承载的信息更为详尽、具体。权力地图不仅是项目运作工具，还是平时的工作检查工具，它至少可以反映出以下5层意思。

第一层，权力地图的构成基础是客户的组织架构。前文也提到过，梳理客户的组织架构可以让企业与客户的关系由点阵向网络演进。

第二层，可以进行关键人士的精准卡位。图6-5中，客户中的一些关键人士左边有一个白色的圆，圆的中间有几个缩写字母ST、AH、JS、JM、RW。这是什么意思呢？这是企业客户经理名字的缩写。这个企业是比较重要的，就在这个企业配备了5名销售人员。而这些销售人员对应的客户，就是需要他们重点关注的位置。这类客户不但需要销售人员日常跑动拜访，而且这5名客户对企业的支持力度也将算进对应销售人员的岗位KPI，纳入他的绩效考核中。对于负责这个客户的销售主管，企业分配给他5名销售人员（这五个人可能也包含他自己），他的职责是要对这5名销售人员进行合理分工以服务客户。

这里有3个重点要素，一是要分层配比，客户的高、中、基层要兼顾，分层支撑的客户关系相对会比较稳固；二是要基于业务场景，客户与我们相关的不同业务场景的决策链中，都要有我们的支撑者。比如客户想采购设备，采购决策过程有哪些部门参与？客户的服务采购过程有哪些部门参与？客户的售后服务部门的相关流程？客户的回款流程？这些场景的参与者和决策者分别是谁？是否都能找到支撑点？三是要兼顾业务的发展。客户关系的布局要早于业务的布局，对于新业务、新机会，客户主管必须提前构建相关部门

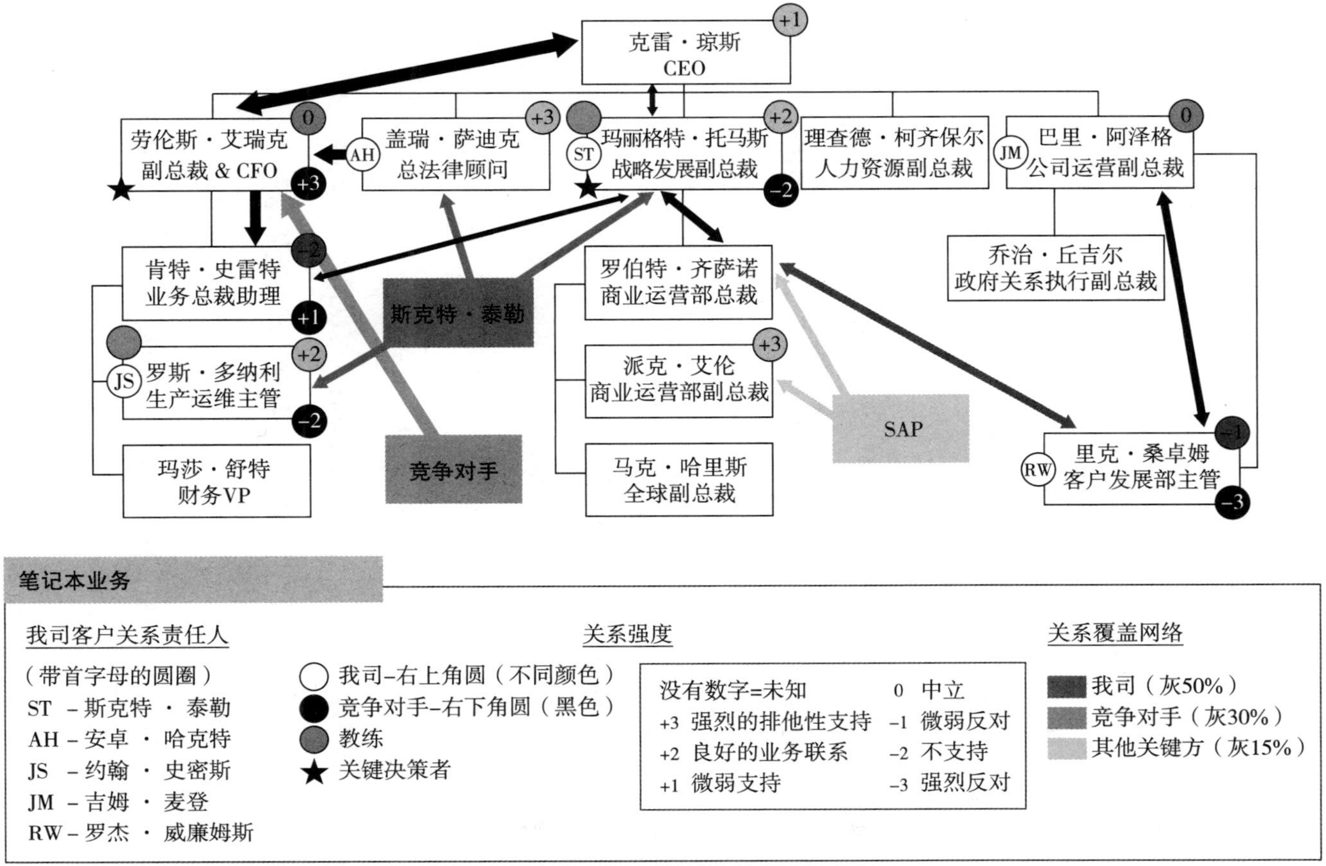

克雷・琼斯
CEO
+1
劳伦斯・艾瑞克
副总裁 & CFO
0
+3
盖瑞・萨迪克
总法律顾问
+3
AH
玛丽格特・托马斯
战略发展副总裁
ST
+2
-2
理查德・柯齐保尔
人力资源副总裁
巴里・阿泽格
公司运营副总裁
JM
0
乔治・丘吉尔
政府关系执行副总裁
肯特・史雷特
业务总裁助理
-2
+1
罗斯・多纳利
生产运维主管
JS
+2
-2
玛莎・舒特
财务VP
斯克特・泰勒
竞争对手
罗伯特・齐萨诺
商业运营部总裁
派克・艾伦
商业运营部副总裁
+3
马克・哈里斯
全球副总裁
SAP
里克・桑卓姆
客户发展部主管
RW
-1
-3
笔记本业务
我司客户关系责任人
（带首字母的圆圈）
ST – 斯克特 · 泰勒
AH – 安卓 · 哈克特
JS – 约翰 · 史密斯
JM – 吉姆 · 麦登
RW – 罗杰 · 威廉姆斯
我司–右上角圆（不同颜色）
竞争对手–右下角圆（黑色）
教练
关键决策者
关系强度
没有数字=未知
+3 强烈的排他性支持
+2 良好的业务联系
+1 微弱支持
0 中立
-1 微弱反对
-2 不支持
-3 强烈反对
关系覆盖网络
我司（灰50%）
竞争对手（灰30%）
其他关键方（灰15%）

图 6-5 权力地图样例

的关系并配备人员，要早于业务半年到一年铺垫客户关系，以支撑新业务或新机会的实现。由于公司可以投放的资源有限，无法面面俱到，因此客户主管必须权衡利弊，用投资的眼光将有限资源投放在价值最大的客户身上。避免由于缺乏全局认识使得资源都投放到某一个部门，造成资源在局部冗余，但在其他关键部门又比较匮乏的局面。

第三层，锁定主要竞争对手。在客户侧各个关键人士的右边也有两个圆圈，里面标着数字，右上方圆圈中的数字代表这个客户对我们公司的支持度，右下方圆圈中的数字代表客户对竞争对手的支持度。能够做到这一步，权力地图已经发挥了相当大的管理价值，这意味着已经知道在争取这个客户的过程中主要的竞争对手是谁，并因此锁定了竞争对手。因为每个客户对公司的支持程度，是要基于具体的竞争对手的。以华为为例，华为在和中兴争夺项目时，客户的 CEO 支持我们，但这并不意味着华为和爱立信争夺项目时，客户的 CEO 仍然会支持我们，也许他与爱立信的关系比和华为好。锁定竞争对手对业务有什么好处？这可以识别出业务中的障碍点。比如图 6-5 中的业务总裁助理就是公司的障碍点，因为他对我司的态度是 –2，非常不友善，而对竞争对手的态度是 +1。识别出客户侧的障碍点可以预判业务风险会在哪里出现，因为竞争对手的打击往往要通过其支持者实现，比如竞争对手的支撑者是 CFO，那他的打击手段可能是商务条款、客户资信；如果竞争对手的支撑者来自客户的技术部门，那么打击手段往往是产品和方案的功能以及性能。

第四层，寻找和发展公司的教练。在权力地图中有两位客户——生产运维主管和战略发展副总裁，他们的左上角有一个小圆点，这个标志叫作"教练"。教练对于客户关系至关重要，关于教练，他指的是客户组织中我们的铁杆粉丝——他愿意帮我们，公司也能帮到他的这类特殊的客户。

第五层，识别特殊权力人士。在客户的权力地图中有两个特殊的人：副总裁兼 CFO 以及战略发展副总裁。他们的左下角有一个五角星标志，这意味着他们掌握着组织中特殊的权力（拥有一票否决权）。也就是说，他们说行也不一定行，但是他们说不行就一定不行，需要识别出这类掌握特殊权力的人。

除了以上 5 层，权力地图还能反映更详尽的客户信息，比如 CFO 与 CEO 之间有双向箭头，那说明这两个人之间相互存在着影响力，箭头的粗细表示影响力的大小。从这个权力地图上看，CEO 与 CFO 之间有黑色的箭头，代表 CFO 是 CEO 的亲信，也可以认为是他的代言人。而商业运营部总裁与客户发展部主管之间也有箭头连接，但是颜色呈灰色，这意味着两个人之间存在矛盾，要判断在业务中公司是应该规避这种关系还是可以善用这种关系。如果对客户关系具有精准的掌控能力，项目结果就可以被影响。比如在国内某个市，有一次客户要规划一个项目，某公司认为他们应该在项目中拿到 500 万元的订单，因为他们和这个市的某个区关系很好，所以这家公司认为应该能拿到这个区的订单。但是招标文件一公布，他们发现这个项目被推动成了总价 3000 万元的全市统一招标的项目，各个区根本没有决策权力，项目最终被竞争对手拿到。这是运作项目时的常见做法。如果企业的客户关系支撑在客户的高层，那可以把项目做大，与竞争对手决战，一次性把项目拿下，这样的人均绩效产出最高。如果企业的客户关系支撑在客户的中基层怎么办？答案就是要反其道而行之。比如，K 公司是一家跨国集团客户，总部在欧洲。你与客户在该国子网的 CEO、CTO、CFO 的关系很好，但是和客户欧洲总部的关系就不好。那么每年年初，你就可以与客户一起规划和设计本年度的项目，比如客户打算投入 5000 万美元的预算，你可以帮他们把预算规划到二三十个小项目中，这些项目共同组成了客户的业务规划。因为根据客户集团的授权管控，如果项目金额低于 500 万美元，就不需要报到集团去审批，当地的子网就有决策权。这种做法叫作"小步快跑"，虽然会牺牲销售效率，但是能保证获取理想的客户预算。这也是一种竞争对手最为头疼的方法，可能企业的每个员工看起来都不强，但是想决战时却总是找不到主力，每次攻击出去的拳头就像打到了棉花上，无法发力。这样，企业可以通过对业务的精准控制，避实就虚、扬长抑短，斗智不斗力，最终赢下市场。

4. 关键子网关系

如果客户是集团公司，那需要分析它的高价值业务板块。这个业务板块可以是价值区域，比如客户在 10 个省都有业务开展，但是广东、上海、北京这三个区域业务量最大，市场价值最高；也可以是价值业务，比如客户是多元化公司，业务涵盖了地产、金融、广告、游戏等，其中广告业务与你相关，是你想打开的市场。分析客户母公司与关键业务板块的客户关系，是因为客户的组织与业务具有相关性，子公司的一些业务决策有可能会受到母公司的影响，那么综合分析客户的组织，可能会找到业务的切入口。比如企业与关键子网已经有了业务合作，但是关键项目，包括预算申请，都需要在集团审批，那该如何运作这个事情？还有一种情况是，和客户集团已经有了良好的合作，如何才能把市场下沉到客户的各个分公司？集团是客户的组织中枢，很多客户拓展首先就要经过集团选型这一关。华为早年在欧洲拓展市场时，首先就是集中力量突破集团客户，再向各个国家的子网延伸。而以前，这些信息分别掌握在各个客户团队的手中，信息分散且不完整。母公司与关键子网的销售团队各自为战，没有业务协同，不能充分发挥客户的价值。

5. 小结

梳理汇总全面客户关系建设问题的重点在于发现问题。基于客户的价值定位、竞争对手的客户关系工作开展情况以及我司资源投入情况，明确工作中的短板。公司能投入的预算有限，如果要发挥预算最大的效果，就必须结合一线员工对当地市场与客户的理解，要有所侧重。比如对于发达市场，客户非常在意组织客户关系的建设，他们需要选择有实力的合作伙伴，而且客户的职业化程度高，公司需要投入更优质资源，否则无法产生效果；但是在欠发达市场，关键人物对业务的影响尤为重要，发展关键客户关系便是当务之急。

运作能力分析

运作能力是指企业与主要竞争对手在业务中的实际表现以及客户的感知。客户关系的最终目的也是帮助企业提升业务运作能力，所以这部分是在检查客户关系的开展效果。

1. 客户满意度

客户满意度是指在项目的生命周期中客户对企业服务的感知与评价，具体包括：售前阶段客户拜访的质量、对客户业务的理解深度、品牌传递与业务交流的效果等；售中阶段对客户需求的理解程度、解决方案的适配度、对客户问题的回复效率与质量、招投标过程的规范性与质量等；售后阶段项目交付质量、客户承诺的履行能力、问题解决速度与质量等。华为对于客户满意度的良好管理得益于其有专门的客户问题处理流程，这样就可以端到端地全面收集、分析和处理客户的问题，并且能够量化评估客户满意度，从而驱动业务的改进。很多对手并不具备系统管理客户问题的能力，所以识别与响应客户问题的速度相对缓慢，从而在客户服务的感知上形成差异。

2. 交易质量

管理营销业务是希望企业能够生成高质量的合同，而交易质量最终会使企业与竞争对手在盈利能力上产生差异。交易质量由众多的质量要素构成，一般来讲，可以分为 3 个维度，一是合同财务指标，包括利润、收入、现金流等；二是客户满意度；三是效率指标，比如从回款的周期到销售质量、人均效率、资源利用率等。

3. 服务与交付

这一部分主要分析在服务资源、服务能力、服务质量上，企业与竞争对手的差异。在产品与方案严重同质化、竞争激烈的行业，服务与交付能力往往是实现差异化的价值点之一，比如餐饮业的海底捞、西贝，都将打造服务差异、提升客户的感知作为工作的改进方向。关于这一点，我的同事分享过一个他的亲身经历。他想给女儿过生日，便提前打电话给海底捞想订一间包房。服务员热情地问他，要招待什么样的客人？一共有几个人？几点到？是否需要停车？等他的家人进了房间以后，他们惊喜地发现房间被提前布置过了，墙上有用气球拼出的"HAPPY BIRTHDAY"的图案，他们得到了第一重惊喜；因为提前知道了是给小孩子过生日，所以服务员提前准备了很多小孩子的玩具，让孩子在等餐的时间玩，而且让孩子可以从中选择一个最喜欢的玩具带走，算是店里送孩子的生日礼物。这种做法非常贴心。因为对父母而言，孩子的快乐比自己的快乐更重要，孩子开心了，父母当然更开心，他们收获到了第二重惊喜；在等餐过程中，店里为客人准备了小零食，避免在等餐时无聊。服务员发现他们特别喜欢吃爆米花，等就餐结束离店时，店员细心地打包了 6 包爆米花请他们带上回家吃。6 包爆米花的成本并不高，但是这个贴心的举动却让客人倍感温暖，这是他们得到的第三重惊喜；这一餐总共花费了 800 多元，但是全家人都觉得物超所值。虽然行业有差异，但是道理是相通的。如何在交付与服务中形成自己的亮点，是值得每个企业深思的事情。

4. 营销活动

这一部分针对在争取目前客户时，公司与主要竞争对手品牌活动的差异性分析。例如，竞争对手营销活动的形式、特点、营销投入、覆盖对象、与公司的营销活动的差异，以及公司目前的短板是什么，客户对公司和竞争对手品牌活动的评价，等等。营销活动的目的是强化公司的品牌与实力，从而支持公司的市场拓展与产品定价。早期华为的品牌营销活动质量不高、缺少积累、没有经验，浪费也比较多。但是后来华为在营销活动方面进步得很快，其通过持续改进、不断迭代，形成了特有的营销活动能力，比如由市场拓展三板斧（公司参观、展会论坛、样板点参观）拓展到五大关键行为，又演进为后来的 12+1，等等。时至今日，华为高端品牌的定位已经深入人心。

5. 政府与公共关系

这是客户关系规划中组织客户关系的一部分，包括政府关系、媒体关系等。这些组织对客户的采购决策可能会有潜在影响，属于隐性决策链。一家企业的发展无法摆脱外部环境的影响，企业越大，受外部环境的影响就越大。如果客户企业规模很大，就需要分析政府与公共关系对客户决策的影响，以及竞争对手在政府与公共关系方面的发展状况。以公共关系为例，公共关系在一定程度上会影响企业的社会形象，以前华为比较低调，与媒体的关系一般，媒体在华为拿不到新闻，所以一旦华为有一点事，都会引起轩然大波。因此在 2010 年，任正非专门与媒体关系部座谈，要求大家以后要开放一些、透明一些，不好的事情也要允许人家说，对外要向媒体开放，与媒体保持良好的互动；对内则开放了心声社区，让员工们畅所欲言。华为希望与客户构建战略伙伴关系，而战略包含了双方的使命、愿景、价值观等部分。用开放的社会形象、媒体形象让客户更全面地了解华为，这有助于增进华为与客户之间的关系。

6. 组织分析

组织分析是指公司与竞争对手的能力差异与在某个客户身上投放的资源数量的差异。它从侧面反映了公司与竞争对手对客户价值的认知差异以及市场的成熟度。比如，公司认为这个客户很重要，有很大的发展潜力和价值，那么可能愿意投入更多的员工服务这个客户；如果公司是这个客户的新供应商，而竞争对手是之前的供应商，那么在一定时间内竞争对手投入的资源可能就比我司多，公司在拓展初期面临的压力就很大。华为特别重视在优质客户身上投放优质资源，不存在侥幸心理，不打无把握之仗。这种做法让竞争对手非常头疼。曾经有一个客户说，有一次他们公司和华为竞争一个大项目，公司派他和另外一个同事去和客户交流，结果到了现场发现华为为了这次交流派了 20 多人，包括项目相关的领域的专家。他苦笑着对同事说："咱们怎么办呀？要不你负责左边那 10 个，我负责右边那 10 个？"不但数量上占优势，华为派出的专家也很强，由华为 21 级的专家负责跟客户交流。这个专家是行业翘楚，在专业能力上足以成为客户的老师，客户的任何问题他都能给出极其专业的解答，客户特别满意，认为华为对这个项目的重视度很高，就会优先考虑华为。

7. 小结

这一部分主要综合分析了企业的业务运作能力，梳理企业的长处和短板与各个部分的业务相关性，比如交易质量的变化对服务和交付业务的影响。如何保持和强化企业的优势？企业的短板主要体现在哪些方面？是如何造成的？从这些问题中提炼出的要点为下一部分的竞争分析提供了素材。

SWOT 分析及总结

基于企业对客户的价值定位（是战略客户还是价值客户）、当前的竞争态势以及企业对未来的格局预期，结合当前的客情关系、市场格局、产品技术、品牌、服务、技术、资源投入差异等关键要素，采用 SWOT 工具展开分析与主要竞争对手的优势、劣势、机会、威胁，输出企业的竞争策略，建立并强化我们在客户侧的战略控制点。

分析企业与主要竞争对手对当前客户价值定位的差异（比如企业定义的战略客户，对竞争对手来说是价值客户），通过 SWOT 分析确定的竞争策略，基于竞争策略导出关键任务，比如在研发方面，需要开发新产品；在交付方面，需要导入更优质的分包商资源等。应梳理实现关键任务需要的资源并汇总，确定下一步的行动计划。

供应商档案附录

供应商档案也有附属信息的支撑，便于全面了解对客户开展工作的历程，有助于理解业务现状以及下一步行动的原因。

1. 系统部组织结构

华为面向客户的工作团队统称为系统部。在客户侧只有一两个销售人员的小公司，并不需要关注这部分内容。但是华为不一样，它的客户体量很大，组织复杂，每年的项目很多，客户侧投入的资源也很多，可能有几十个人，包括多名客户经理、产品经理，甚至有客户专用的交付经理，所以需要清晰的组织架构与明确的分工。系统部组织架构要匹配客户的组织架构，与客户的组织架构相叠加，这样就形成了权力地图中的关键客户配对。

2. 客户侧工作的开展情况

对于一个新客户，不可能从一开始就建一个庞大的系统部，客户侧的资源投入程度取决于营收的规模。刚开始拓展客户时，可能只会投入一两个人，随着与客户合作项目的增加再不断投入员工。客户侧工作的开展情况记录了系统部的发展历程，比如从哪一年开始开展工作？投入了几个人？覆盖了哪些客户部门？获取了哪些项目？记录每年的变化，一直到今天。这些信息有助于后来者快速了解企业在客户侧的业务与组织的发展状况，明确自己所在岗位的职责。

3. 财务历史状况

对客户的分级基于对客户价值的判断，但是客户的价值不能只看当下。刚与一个大客户合作就会签大订单吗？这可能很难。因此，客户的价值要基于一定的周期才能充分体现出来，比如在合作初期，投入会大于产出，到某一个时间点达到盈亏平衡，然后进入回报期。所以，对于客户价值的管理要有一条价值回报曲线，而财务历史状况信息可以作为价值回报曲线的数据输入。预计在合作到第 3 年的时候，能够获取到 5000 万元的营收，到了第 5 年可以稳定在 1 亿元，对于财务历史状况的记录就是佐证。比如，已经与客户合作 5 年了，在第 3 年的时候是否获得了 5000 万元的营收？是多了还是少了？如果没有达到预期，那么是对客户的价值判断出了问题，还是工作开展得不好，因而没能获得理想的回报，是否需要调整客户的定级？

4. 政府和公共关系的发展历程

这是对客户关系的升级，借助外力强化客户关系，影响客户决策。但是在客户拓展初期，企业往往没有资源和能力关注这部分，而是会重点发展企业内部的客户关系。等到客户内部的关系已经初具规模并且稳定了，支撑企业有了持续的营收，企业的资源丰富了，才可以抽出一部分人力、财力、物力来构建外部关系，所以政府与公共关系的发展历程往往晚于客户内部的客户关系开展，同时也要记录发展历程、资源投入、关键事件。

第 7 章

客户是土壤，机会是庄稼

【任正非语】"华为要超大规模地发展，客户是有限的，但市场会无限扩大，所以对客户应站在更高的角度来认识，不能有地主的概念。大家十分辛苦地开发了这个客户，有感情，这我们是理解的，但一定要开放，让大家去这块地方种更多的庄稼。我们一定要打倒地主，一定要解放市场。要有开阔的心胸，客户不是任何个人的，客户是属于华为这个奋斗集体的。我们要跃升在全世界通信市场上的名次，并且再逐步上升，不开放客户，只想让大家都帮你的办事处做事，怎么行呢？每个办事处主任回去都要宣传这种思想，都要开放自己的办事处。努力学习策划，学会种庄稼，在每个地盘里，什么庄稼都要种，适合什么产品生长就种什么庄稼。客户要开放，要加强相互交流。"

——任正非（引自任正非在办事处工作会议上的讲话 1995 年 11 月 18 日《解放思想，迎接 96 年市场大战》）。

华为内部有个说法："客户是土壤，项目和机会是土壤中生长出来的庄稼，只要客户在，就不愁没收成。"图7-1清晰地反映了客户关系管理与业务管理的关系。客户关系作为业务发展的重要支撑，通过理解客户、创建客户规划、执行客户规划、绩效评估这4个过程不断循环往复，帮助企业持续、深入地理解客户的业务，获得更好的增长。

1. 理解客户

我们可以通过客户档案和供应商档案深入洞察价值客户。客户档案与供应商档案不仅是两个文档，它们还承载了一套完整的客户分析方法。用一个形象的比喻，华为对于客户档案与供应商档案的使用，就像一个学霸写了一篇作文，大家看到了以后很惊叹，觉得写得太完美了，但是大家没有看到的是为了这篇作文，学霸提前打了10遍草稿。很多企业在使用客户档案与供应商档案时，成稿就是草稿，所以很难发挥价值。企业借助CP与VP，全方位、多角度地深入洞察客户，最终为业务带来的价值是什么？那就是发现客户的机会、分析客户的风险、评估客户的价值。不同的岗位基于自己的专业能力有不同的客户机会分析方法，比如销售人员通过客户跑动、了解客户预算发现商机；技术团队通过理解客户的业务进行客户需求发现商机，华为有一套完整的基于技术视角对客户需求进行分析的方法，叫"看网讲网"，通过分析客户的业务规划、网络性能、网络架构、建设与维护成本分析、技术演进5个层次，逐层扫描客户需求；交付服务部门通过客户的抱怨、竞争对手设备问题的发现，帮助公司从服务的角度发现新机会。所有机会要通过使用战略沙盘这个工具发现，战略沙盘中记载了华为在客户侧发现的短期、中期和长

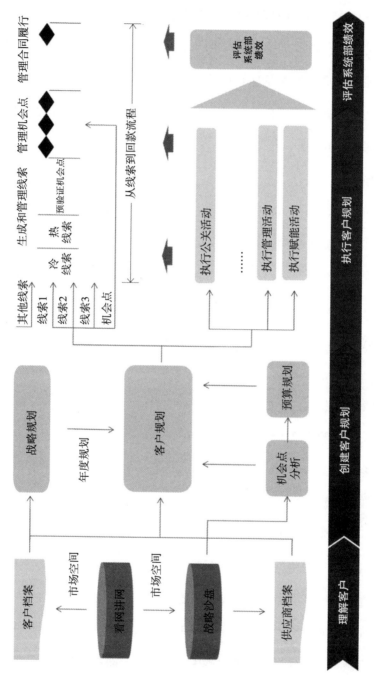

图 7-1 客户关系管理与业务管理的关系

期机会，它为公司的战略制定以及年度工作规划提供了输入。所以大家要理解，客户档案与供应商档案是手段而不是目的，是过程而不是结果。如果每年做完客户洞察以后，战略沙盘中一无所有，那么客户洞察就相当于没做，因为没有给业务带来价值。

2. 创建客户规划

通过洞察价值客户得到了战略沙盘中的机会清单，机会的实现需要公司投入资源，所以要按照机会的市场空间、增长速度、利润水平、竞争强度对机会进行排序，评估机会的市场吸引力，并向公司申请资源。市场一线团队的职责是发现客户机会，但是选择机会的权力在公司。如果每个客户团队都向公司申请资源，公司的资源就会不足，会无法满足所有机会对资源的需求，所以公司要对机会进行选择，这个选择的过程就是战略制定的过程。所谓战略，就是在企业资源有限的情况下对机会的取舍，能"略"才能"战"。在此处，"略"是指放弃的机会，"战"是指选择的机会。这个选择的结果，就成为公司对各个客户的目标诉求。比如市场部在某一个客户处发现了10个商机，提报到公司以后，公司对所有客户团队提报的机会进行综合评价。有很多机会可以选择，对于这个客户，公司选择了10个机会中的3个作为市场目标下发，并且给予一线团队相应的资源支持。一线团队根据公司的指令，也就是下发的目标以及要实现的机会，完成年度工作规划。当市场目标明确以后，客户关系规划就获得了明确的输入，必须以支撑市场目标的达成为目的全面规划客户关系。而业务管理与客户管理所需要的资源，要通过全面预算管理保障。

3. 执行客户规划

业务目标要通过一个个具体的项目实现，在这个过程中，客户关系规划的活动要支持业务活动的顺利开展。客户规划活动的执行既可以帮助公司发现项目机会，也可以帮助公司推动项目走向成熟。在项目的全生命周期，包括早期的线索、机会点招投标、合同的顺利执行等，均伴随着大量的客户接触活动。很多客户关系活动和工具会被项目管理调用，比如在重大项目的运作管理阶段，权力地图就是决策链分析与竞争分析的必备工具，项目策划报告中如果没有包含权力地图分析，项目立项就不予通过。项目管理与客户公关齐头并进，可以提升完成重大项目的成功率。

4. 评估系统部绩效

管理客户关系是为了支撑业务，辅助业务目标的达成，因此需要结合业务结果评价客户团队在客户关系方面的工作绩效。客户关系规划要有业务目标作为输入，但是这个业务目标比较大，比如今年完成多少订货任务，拿下几个战略项目。这些目标都要通过具体的项目实现，因此对系统部客户关系的绩效评价还要细化到单个项目，要拆解到业务活动中并指定对应的责任人。比如在一个重大项目运作过程中，需要邀请客户的总经理来公司参观，或者在某个阶段要与客户的某个部门进行业务交流，这样的项目级活动要由项目经理安排给某个项目成员完成，并且由项目经理对活动完成的质量和效果做出评价，这样才能实现精准的系统绩效评价。

最后再强调一下客户关系管理三原则。第一，客户关系管理要兼顾过程与结果。我们对于客户关系活动的管理不仅是为了管控，客户关系的特点是差异化、多样性、与时俱进，因此无法要求员工必须怎样做，那样效果未必好。这个流程有很大的作用是赋能，设计过程指标就是希望能牵引员工更好地完成组织绩效。第二，可统计、可衡量、可评估。过程可统计，结果可衡量，价值可评估，也就是客户关系的管理必须能够以数字形式量化，否则没办法进行管理。当然，其中存在很大的挑战，因为客户关系中很多事难以量化，会受到主观因素的影响，只能做到相对客观，无法做到绝对精确。第三，与过去比改进、与竞争对手比结果。客户关系管理没有绝对得好，之所以管理客户关系是希望在有限的预算投入下，帮助企业构建具有差异化的竞争优势，因此对于客户关系的工作改进，一方面是与前期比较的结果，不断建立能力基线——与去年相比，今年是不是有进步？日积月累、持续改进。另一方面是与竞争对手比较的结果，是不是持续优于竞争对手？如果以上两个方面都有进步，就说明客户关系的工作是卓有成效的。